武艺经典传承系列图书

武当太极拳十三势

张宏　张维兵　著

西安地图出版社

图书在版编目（CIP）数据

武当太极拳十三势/张宏，张维兵著.—西安：
西安地图出版社，2018.12（2019.7重印）
ISBN 978-7-5556-0465-5

Ⅰ.①武… Ⅱ.①张…②张…Ⅲ.①武当太极拳－
基本知识 Ⅳ.①G852.11

中国版本图书馆 CIP 数据核字（2018）第 220545 号

著作人及著作方式：张宏　张维兵　著
责任编辑：杨芸

书　　　名　武当太极拳十三势

出版发行　西安地图出版社
地址邮编　西安市友谊东路 334 号　710054
印　　刷　三河市天润建兴印务有限公司
开　　本　787mm×1092mm　1/16
印　　张　9.75
字　　数　220 千字
版　　次　2018 年 12 月第 1 版　2019 年 7 月第 2 次印刷
书　　号　ISBN 978-7-5556-0465-5
定　　价　51.50 元

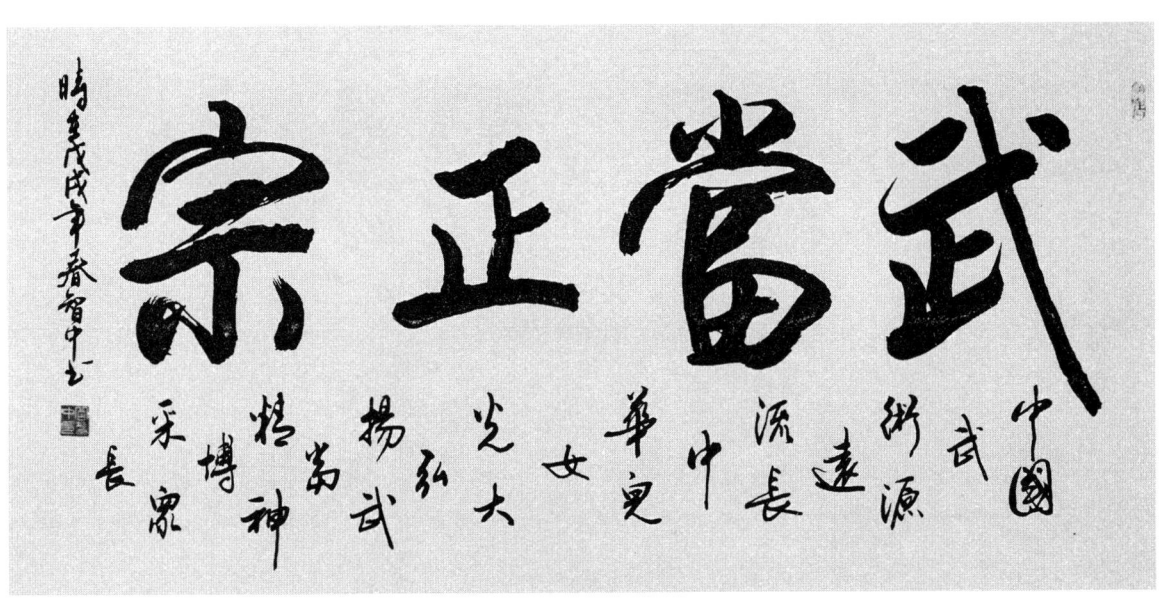

武當正宗

中國武術源遠流長源源中華兒女光大弘揚武當揚武特神博大采眾长

时在戊戌年春智中书

岳飞第三十世后裔、甘肃省岳飞文化研究会副会长岳智中先生题字

弘揚武當武術
傳承內家正宗

歲在戊戌年正月於金城 永忠

兰州市武术运动协会主席李永忠先生为本书题字

序　一

　　中国武术古称"武艺"，源自远古先祖的生产活动和战争，特别是在战争中孕育发展出军旅武艺，在漫长的历史发展中，又产生了民间武术与军旅武艺的分野。民间武术作为武术文化的重要组成部分，获得了独立的、内容更加广泛的发展，太极拳就是其中的重要代表之一。

　　无极生太极，太极生两仪，太极拳是以中国传统儒、道哲学中的太极、阴阳辩证理论为核心思想，集颐养性情、强身健体、技击对抗等多种功能为一体的中国传统拳术。太极拳，作为国家非物质文化遗产，在当代传播之广、影响之深，群众基础之深厚，流派之众多，不容质疑。

　　张宏同志自幼习武，寒暑不移。近年来，一直努力传播、发扬武术文化，为此付出大量精力。他好学不倦，勤于笔耕，近见其所著《武当太极拳十三势》底稿，对于武当太极之基础十三势，撰为图文，明白演说，使习练者明其要领，会其旨归，对于武当太极拳普及推广大有裨益，于研究武当太极亦颇具参考价值。

　　作为武术界的同道，对于本书的即将出版，我深感欣慰。同时，也热切盼望张宏同志能在传播和发扬传统优秀武术文化事业中不断耕耘，勤练精修，取得更加可喜的成就。

　　是为序。

国家武术八段、马氏通备武艺正传　马令达

于二〇一八年三月，时年八十有三

序　二

　　武当太极拳是太极世界当中的瑰宝。它以道家冲虚圆融之道为理论核心，以"我命在我不在天"的积极炼养精神为思想支柱，形成了独树一帜的武当太极。武当太极拳十三势是武当太极的基本入门套路，也是武当道教非常经典的一套太极拳法。张宏老师是武当武术的正宗传人，对武当武术有较深的研究。他的文化修养也比较高，相信以他的文字学研究生的深厚学术功底，对武当武术、武当太极拳的理解，当迥于常人，也相信他的这本书能给广大读者带来不菲的收获。

　　《武当太极拳十三势》是张宏老师的开山之作，也是首次以出版物的形式将这套拳法公诸于世。书中前几章简要介绍了武当武术、武当太极拳的有关情况。张宏老师在书中对张三丰与武当太极拳的关系，以比较翔实的资料进行了客观的论述。以史家不盲从历史的客观态度来写作，对传承者来说，需要莫大的勇气，也需要有排除一切尘世俗务干扰的心态与心境。"不虚美，不隐恶"，是著名史学家司马迁倡导的作史态度。张宏老师作为年轻的传承者，很好地做到了这一点，是十分难能可贵的。

　　"入门引路须口授"。一门技艺正确的入门方法，会让学习者少走很多弯路。这本书有体有用，并有相关文献资料的注释解读，是一本很好地了解武当太极拳的入门参考书籍。希望这本书的问世，能给热爱武当太极拳、热爱道教武术的爱好者，带来一定的收获。

　　我与张宏老师相识相知已有七八年时间。张宏老师是一位年青有为，积极向上，谦虚谨慎的武术传承者。他家学渊源，在西北师范大学本科时期，又得到体育学院武术系温兵、陈青、孟峰年等老师的专业教导，武术功底深厚；研究生时期，又在文学院跟随周玉秀教授攻读文字学硕士，对中国历史、古文字音韵、古代文学、《周易》研究等方面，有较高的造诣。因此，他的书在内容方面是值得一读的。

　　《武当太极拳十三势》书稿完成之际，张宏老师再三盛情邀请我为之作序。因此，不揣冒昧，欣然应之。

　　是为序。

兰州交通大学教授　张正红

2018 年春于兰州交通大学体育部

序　三

　　前不久，与理钦道兄欢聚，得知他的大作《武当太极拳十三势》即将脱稿付梓，知交成就如此，既欣喜，又惭愧。谁意理钦竟嘱余为其大作写序，再辞不获，既蒙理钦许为知己，敢不竭力？

　　理钦是我唯一有信仰的朋友，理钦是其道号，本名张宏。

　　他少年时代即皈依于武当门下，是武当玄武派第十五代理字辈居士。他是一位难得的文、武、医兼擅，前途未可限量的人才。论文，他博览群籍，专修传统文字、音韵之学，我们是同一届毕业的研究生，同时取得文学硕士学位；论武与医，武术、中医是其家学世传。

　　理钦在他五六岁的时候，就由祖父张国祥（俊山）老先生启蒙习武。

　　张老先生先后跟随贺龙、刘伯承、邓小平等开国元勋参加了三大战役和进军西南、解放华北等著名战役，先后立一等功两次、乙等功一次、大功一次，是对解放事业做出贡献的老英雄。祖父、父亲倾心给他传授家学，颖悟好学的他迅速成长。后又拜武当玄武派第十四代传人史飞（道名：玄一）为师，研习武当武术。

　　在本科时期，又跟随西北师范大学体育学院武术系的温兵老师等系统学习武术。自祖父启蒙至今，已有二十四五年的道行。2014 年，被《中华武术杂志》评为中国当代武术名家。在家传医术的基础上，理钦又在甘肃省中医药大学门诊部见习过五六年，孜孜以求，在读研期间，以优异的成绩顺利通过了针灸师行医资格证考试。理钦业余研习书法，他由颜入手，转习欧楷，得颜之洒脱与欧之险劲，兼习草、隶。

　　我痴长理钦五岁，他的成就令我倾慕。但是，我更佩服的是他的勤奋与坚毅。

　　2016 年，我曾在毕业论文后记中写道："张宏同学是周玉秀教授的高足，从研一开始我们就成了很好的朋友，张宏同学家传武术、中医之学，深研《周易》及道家之学，加之他勤奋异常、努力自强、最能吃苦，因此日有所获。每当自己有所懈怠的时候，我就不由得想到恩师田公和他的精进。前些年，他被评为中国当代武术名家，中国邮政为他发行了纪念邮册。承蒙抬爱，上课的时候他曾赠周老师一部、赠我一部，将我视作他的知己，可我现在觉得是有愧知己的，并没有向更多的人宣传他的不凡成就，在这里，很抱愧。"

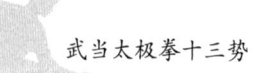

这里面讲的都是实情。他很勤奋，凌晨五六点钟就开始练功，白天上课，晚上读书至深夜。疲困之时，自己扎针继续苦读。

记得2015年他生日那天，我打电话祝福他。谁知他久久未接电话，等通了之后，才知道，他当时累得几近虚脱，忘了自己的生日。他是我学习的榜样。同时，我也担心他过于勤奋而忽视照顾自己的身体。

理钦道兄是一位重情义、侠骨柔肠的人。记得有一回，我们各自谈到自己的恩师，他说到对自己爱护有加、饱含期望的老师们时，眼中闪耀着泪光，几近哽咽。时间稍长，电话一接通便说，"想你了，最近有空没，一起聊聊"。绝不虚礼客套，我喜欢这样的朋友。

至于这部书的内容，我不再絮叨。我自幼很少参加体育运动，在复习考研之初，生活极不规律，学习效率也不高。

幸遇良师田公继福先生，博我以文，授我以武。

田公是兰州民国时期一代高僧广福寺住持田光仁大和尚的侄孙，田和尚坚持禅武双修，在甘青宁一带带出了不少武术弟子。田公自幼拜三祖父田和尚的弟子刘仪轩老先生学艺，田和尚的其他弟子为报答师恩，也将所学返授予田公。

刘仪轩先生是兰州著名的老拳师，哲嗣刘宝禄先生为西北师范大学体育学院武术教授，宝禄先生的独子刘虎先生也是幼承家学，西安体育学院武术专业毕业后，在西北民族大学任教，可谓是武术世家。

蒙田公厚爱，倾力传授，我坚持至今有近九年的"道行"，而理钦有二十五六年的道行。他有"童子功"，而我只是半路出家，以是观之，我是难以望其项背的。

但是，我们有一个共同心愿，那就是希望在弘扬传统武术方面有所作为。而他，在这方面，自然又是我难以望其项背的。

目前，国家大力倡导武术运动。

作为理钦的知交，我觉得，趁这个机会有必要介绍一下理钦其人，宣传他不凡的成就，以减轻所报之愧！

是为序。

西北师范大学文献学博士　赵祥延

时戊戌正月下沐于西北师大公寓

序　四

　　和张老师、武当太极结缘，已有三年之久。2016 年初春，一个很偶然的机缘，从门外路过，被孩子们习武时铿锵有力的声音吸引，走进了甘肃武当武术培训基地，看到了孩子们认真、专注的神情，看到了孔武刚毅、耐心指导的张老师。了解之后，抱着试试看的心态，我和妻子跟着张老师开始学习武当太极拳十三势。

　　时光荏苒，这一学便是三年。三年里，从做扑式都困难，到灵活做各种太极动作；从训练半小时便气喘吁吁，到一个半小时不停不歇；从羞于在人前练习，到参加太极拳比赛。三年里，张老师促成并见证了学员们在学习武当太极拳十三势方面的成长。

　　在张老师的带领下，从最基本的动作学起，慢慢深切地感受到武当太极拳的魅力。掤捋挤按，采列肘靠，动静刚柔，进退屈伸。在简单而又繁复的运动中，自然会感受到肢体筋骨的放松、舒展，心神也就超越了功利世界的种种束缚，身心合一，进入了悦纳万有的自由境界。这或许就是武当太极拳的"憩神"之效。人处茫茫尘世，本就承受着诸多压力。

　　我一边工作，一边进行博士课程的学习，愈加劳心劳神。每当头昏脑涨、睡意沉沉之时，站站武当太极的桩位，练练十三势的单式动作，便觉得神清气爽，又可投入到高效的阅读中去了。工作、学习，得武当太极十三势之助力，实不在少。

　　张老师出身武术世家，自幼习武，沉浸武术二十多年。又善书法，银钩铁画。又习古琴，铮然清音。又修文字、音韵、训诂之学，出名师门下，登堂入室，卓然有成。多年来，张老师以整理传统武学经典、弘扬传统武术文化为己任，积极投身武当武术文化的研究工作中。焚膏继晷，用力甚勤。精益求精，成果丰硕。编为一册，洋洋洒洒，数十万言。

　　翻阅《武当太极拳十三势》的定稿，耳边似乎响起了在甘肃武当武术培训基地练习十三势时，张老师的训导之声。三年来的许多练习的画面又浮现于眼前，不知不觉中对已熟悉的十三势又有了更深的理解。张老师嘱咐我为本书作序，顿感诚惶诚恐。又一想，谈谈自己和妻子三年来习练武当太极拳十三势的真实体验，对读者来说，也许不无帮助吧。所以，不揣鄙陋，汗颜为序，衷心希望本书能助力于各位有缘者的生活、工作。

　　是为序。

西北师范大学文学院在读博士　田有余

二零一八年三月二十四日于师大附中

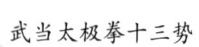

序　五

　　我是理科生，初随师父张宏（理钦）学武，本是抱着祛魅的目的去的，只因见过的"大仙儿"太多，以人为镜，自知没有平地飞升的本事，还是想踏踏实实的由跬及步，把路走得长远些。

　　我起初不能理解，为什么传统武术的教学不能和健身房里一样，很明晰地分析肌肉发力原理、关节运动机制，而是非要讲一些乍听起来"神神叨叨"的东西，或者就一个字："练！"入"坑"渐深，才慢慢理解。其实，好多东西在做到之前，一切理论、一切科学分析，都是很苍白的。

　　就拿太极拳著名的论断"四两拨千斤"来讲，老张常说："'四两'的确能拨'千斤'，只不过，你得先有'四两'。"

　　于是，关于这"四两"的训练近乎惨烈。老张眼里，这"四两"就是耐力、体能；就是速度、爆发力；就是柔韧、朝天蹬。除此之外，还有实战中的见识、反应和一眼掌控全局的战略能力。

　　有道是"由招熟而渐悟懂劲，由懂劲而阶及神明，然非用力之久，不能豁然贯通焉"（王宗岳《太极拳论》）。

　　其中每一样都必须经过经年的、成千上万遍的反复训练而得，做不得半点儿假。

　　理论是代替不了实践的。想象读完一本秘籍、三天之内就血满无敌的，代替不了老张教我实战时，在黄河边摔得七荤八素的真实感。学拳实际上是个返璞归真的过程，就是肌肉酸痛，就是无聊枯燥的重复。千锤百炼是唯一的作艺之门、成道之径。

　　当然，如果只定位成一名著名的武术理论家，那另当别论。

　　解读"武术"二字，"武"定义了武术是什么，"术"说明了武术要怎么干。既然是一种搏击方法，那么，首先基本的身体素质是"体"，而卓越的武术技法是"用"，二者的结合乃是上乘，有体无用是操作工，有用无体是跳大神的。

　　武术作为一门技术，最终也会升华到艺术、哲学的高度，武当武术尤其如此。武当道教认为，武术只是"末技"，不过是诸多修道门径中的一种而已，最终人还是要脱离肢体和心智、经验的束缚，达到某种"神明"的境界。

当代古琴大师龚一先生曾言："琴曲的艺术，不过在'轻重缓急、抑扬顿挫'八个字间。"这八个字于武术亦通。练武术和弹古琴一样，有音准、节奏感；和写书法一样，有起承转合、抑扬顿挫。这从技术层面上理解，就是对身体的控制力，从精神层面上讲，则关乎一个人的分寸、审美和格局。约以"得心应手"概括之，说起来简单，做到难上加难。老张对自己有这样的要求，同样也这样要求我们。作为一名合格的武术教练，其丹心可鉴。

老张是青年武术家里为数不多，不论文韬武略，都让人敬佩的人。于武道，虽然武侠小说或者某些金戈铁马的演绎中类似"大战三百回合"之类的说法纯属胡吣，但金庸笔下那些华丽的、形容武术招式的辞藻都能在老张的拳里体现出来，什么行云流水，什么飘逸帅气，果真如此。每每观老张行拳，必教人心驰神往，血脉喷张。于私交，老张知识渊博，幽默诙谐，习拳之余，我们常天南海北的胡说八道，其话语间营养丰富，总教人受益颇丰。

我始终觉得，如果有一日能像老张一样"狂拽酷炫"地打完一套拳，这份虚荣心的满足感，也足以慰藉一切的苦痛。

甘肃武当武术培训基地学员　王旭

前　　言

　　武当内家拳在中国武术世界独树一帜，它的出现解决了中国乃至世界武术史上的一个技术性难题——"耄耋之年能御众之形"。

　　专业的习武者都知道，在武术实战中，技术者本身必须具备几大要素：速度、力量、反应。在内家拳出现之前，几乎所有的武术训练都是围绕着如何增强和提高这几方面的能力展开的，如少林拳讲"一力降十会"，少林拳首先就很强调力量的训练。

　　肌肉是力量的基础，也是速度和反应的关键。为了能够更快更强，各种外家拳都极尽各种办法，来加强肌肉的训练。这就出现了一个问题：随着年龄的增长，我们的身体肌能慢慢衰退，尤其是步入老年之后，力量、速度、反应等各方面的能力，都不能和同训练量下的年轻人相匹敌。此时，我们如何用武术防身呢？

　　当内家拳理念出现的时候，武术进一步发展的前景便豁然开朗了。人们不再专心致志把增强肌肉作为唯一的训练目的，原来我们还可以"四两拨千斤"，还可以"耄耋之年御众之形"。武术史上有这样的先例：武当内家拳宗师张松溪"身若不胜衣"，却能轻而易举地劈开重石。曹秉仁的《宁波府志·张松溪传》记载："松溪不得已，乃使诸少年举圜石可数百觔者累之……举左手侧而劈之，三石皆分为两。"杨露禅有"鸟不飞"的绝技。这些内家拳史上的神迹，成为许多习武者心向往之的神话和毕生追求。

　　尽管内家拳对于实战技击，在年龄上，较外家拳更有普遍适应性，但是，并不足以取代外家拳。从此以后的几百年间，内家拳与外家拳形成了双峰并峙的局面。

　　准确地讲，把中国武术分为内家拳与外家拳，是中国武术习练者对武术的一种分类方法。在内家拳逐步发展的几百年间，随着时间的推移，人们对武术技击内涵需求解读在不断变化，内、外二家的理念和方法，开始慢慢相互交融、贯通，二者都在自己的基础上汲取对方的优越之处，以补自身之短。如外家拳也开始重视养生、重视呼吸、重视训练以弱胜强的方法，而内家拳也吸收外家拳技击上的某些优点。可以说，现在外家拳与内家拳的区别并不是很大，你中有我、我中有你的情况，在许多拳种中都有出现。因此，现在国家武术专业领域，并不以"外家拳"和"内家拳"来划分武术的种类，而是把所有的武术运动统一分为三大类：套路运动、格斗运动、功法运动。这种分类法，可以在很大

程度上解决武术分类的问题，也可以解决许多爱好者不知道自己练的拳法是内家拳还是外家拳的苦恼。

事实上，并没有十全十美的事情，也没有完整无缺的理念。这种分类法比以往的任何分类法都具有科学性，但是，在解读中国武术历史，尤其是在总结内家拳出现之前的武术世界特点方面，会出现问题。因此，作者在武术学习上，经常是以三大类分类方法为主，同时，在解决具体实际问题上，并不回避使用以往的分类法。于是，在本书中，我们还是使用武当内家拳的称谓，因为这样，可以十分细致地叙述这种专门拳法的特点。

武当太极拳是武当内家拳的重要组成部分，它的特点在后文会有论述，此处不作赘述。本书是一本关于武当太极拳十三势的普及教程，撰写的目的是为广大武当武术爱好者提供理论参考资料。

本书共八章，分为三大部分：

第一章至第三章为第一大部分，简略叙述有关武当武术、太极拳、张三丰等的内容。

第四章至第七章为第二大部分，讲了武当太极拳十三势的基本功、十三势的套路内容，同时，也走马观花式地讲了一下十三势的单招和实战用法。

第八章为第三部分内容，示例了几篇武当武术文献，并作了注解和简评，以供读者参考。

最后还有三篇附录，是作者平时的一点体会，付之于文，以供交流。

在本书中，作者有两个重要观点：一是尊某人为祖，并不意味着这一门技艺确定就是此人所创。尊崇某人，是考虑到各种各样的内外因素，就如剃头匠尊关羽为祖，木匠尊鲁班，少林尊达摩……二是不能把否定创始者作为否定这门技艺价值的方法，这是两回事。黄帝是传说中的人物，其确定性只存在于人们的意识中，但是，我们不能否定指南车、指南针的价值；嫘祖是传说中的人物，人们通常尊她为养蚕缫丝的创始者，我们也不能说，嫘祖只是传说，具有不确定性，所以，这门技艺便毫无价值……

本书图片的拍摄和修图工作，是在甘肃武当武术培训基地、甘肃武当武艺文化传播有限公司的学员胡运江先生的大力支持下完成的，实战部分的陪练是甘肃武术培训基地学员、现任甘南猛虎营武术学校教练的王保民教练。本书第一章、第二章、第三章、第四章、第七章、第八章、三篇附录由张宏完成，第五章、第六章是由毕业于西北师范大学武术专业、现任秦安县第五中学武术教师的张维兵老师撰写。

特别需要说明的是，本书的所有观点，是作为武当武术爱好者、武当武术传承者的张宏多年来的思考与体会。有些思考不太成熟的地方，仅代表个人观点，望读者仔细审阅之、取舍之。

目　　录

第一章　武当武术说略

第一节　武当武术与道教思想

武当武术是发源于武当山地区，受武当道教思想影响而形成的武术流派。
本节主要简要论述武当武术与武当山道教的关系。

一、道教思想对武当武术形成的影响

（一）"太极"的哲学内涵形成其理论核心

狭义的"太极"是讲宇宙生成的本源。广义的太极包含了非常广泛的内涵。

《周易·系辞》："易有太极，太极生两仪，两仪生四象，四象生八卦。"又谓"太极、两仪、三才、四象、五行、六合、七曜、八卦、九宫"。由此看来，太极哲学其实就是关于宇宙生成、发展、变化规律的一门学问。这一哲学是武当武术的核心理论支柱。太极拳以太极立论；形意拳以五行相生相克为理；八卦掌以八卦之理为基；太乙五行拳，则综合了太极与阴阳五行的思想；两仪拳则以阴阳为核心……

（二）"道"与"气"的哲学是"太极"思想的补充

老子尚"道"，《道德经·四十二章》言："道生一，一生二，二生三，三生万物。"《庄子》则使用"气"的概念，来说明宇宙的生成与发展。《庄子·至乐》："气变而有形，形变而有生。"道与气是宇宙一切事物生成的本原，也是一切事物发展变化的原动力。道教认为，世间一切只有道与气才是本，其他一切皆是末。因此，武当道教认为，武当武术只不过是末技，仅是达"道"、知"道"的途径。修炼者切不可以本末倒置。武当太极拳有"愿天下豪杰延年益寿不老春，不徒作技艺之末耳"的拳谚，即是此谓。

（三）道教主张出世的思想影响着武当武术的风格和技法

道教主张出世。老子最初做过周之典藏史（相当于周时国家图书馆馆长），后来辞官出关。庄子曾担任过宋国的漆园吏（即漆园的主管者），但当后来楚王给他送来一张重要官职的委任状时，他却用"吾将曳尾于涂中"拒绝了。道教的整体风格是"隐"，反对过分张扬。武当武术深受此种思想影响，风格上讲究内敛；技法上讲究后发先至而非先发制

人；训练上，则要求先内充实，然后才讲究形之于外，外在表现必须以内中蓄满为基础。

二、武当山元素对武当武术形成的影响

（一）武当山道教传说影响了武当武术的形成和发展

道教传说是武当道教体系中一项非常有意思的内容。这些传说涉及求道、得道的艰难，以及求道者必须具备的基本态度等。这对于我们普通人来说，也具有一定的警示和指导意义，如磨针井。玄武大帝在得道之前是净乐国太子，在武当山修道，萌生退意，想要出山，走到一口井旁时遇到了紫气元君化身的老妇在磨一根大铁杵。太子非常奇怪，就问老妇磨铁杵做什么，老妇说："磨针。"太子说："这么粗的铁杵，磨成那么细小的针，那不太难了吗？"老妇说："铁杵磨成针，功到自然成。"太子恍然大悟，返山继续修炼，终成正果。这个传说的意义就在于"坚持"二字。

根据这个传说，形成了武当剑术中"铁杵磨针"一式动作。要想练好这一式，必须仔细体会这个传说故事，才能理解其中的奥义。其他诸如"黑虎寻山""迎风掸尘""黑虎坐洞""雷火炼殿""五龙捧圣"等招式内容，都是根据武当山传说形成的。

（二）武当山的风景地势，进一步促进了武当武术的形成和发展

自古武术都具有地方特色，地势会影响武术的形成。如北方多广阔的草原、高原，于是形成了大开大合的北方拳术，南方多山地水脉，于是形成了短小精悍的南拳。

武当山地处南秦岭褶皱系中部，又隶属于大巴山北部，属山地，是北方拳系与南方拳系风格的过渡地带，故拳术内容风格身兼二者。有的拳种如玄武拳等，拳风比较紧凑，有的拳种如玄功拳、龙华拳等，又比较张扬。再者，武当武术招式的形成，也受武当山地名的影响。如太和拳中的"天柱峰"一式，即取自武当山著名的山峰"天柱峰"。天柱峰是武当山最高峰，因武当山金殿在天柱峰，故又名金顶，武当山山势以金顶为中心，形成了"七十二峰朝金顶"的状态。武当武术中的"天柱峰"一招动作，属拔高之式，要有俯看六合八荒的气势和状态。其他招式，如"八卦转运殿"等，都是如此。

三、道教理义内容对武当武术形成的影响

道教科仪对武当武术的影响是深刻而广泛的，且举几例。

道教科仪中，有一种迎神送神的法术动作，叫踏罡步斗（亦称为步罡踏斗），具体方法是按星辰斗宿之方位、九宫八卦之图，以步踏之。在武当武术中，我们习惯把这种步法称为"罡步"。具体的罡步，按照不同的方法，又分为"三台罡""四御罡""五行罡""南斗罡""七星罡""八卦罡""二十八宿罡"等。武当武术基本桩位中，著名的七星桩，就

是脚踏七星罡。

再如，道教科仪中有一行礼姿势，左脚在前虚点地，右脚在后屈膝，全脚落实，左手在前，持朝简上端，右手在后，持朝简下端，整个身形要求含胸拔背、重心下沉。这个动作形成了太极拳中的手挥琵琶式。有些武当武术、武当太极拳中行礼的姿势，也深受其影响，如手捏子午诀，正是道教科仪中的行礼方法。

四、道教养生思想对武当武术形成的影响

在 1600 年前，晋代著名的道教养生家葛洪在《抱扑子·内篇》中，第一次在养生界提出了振聋发聩的口号——"我命在我不在天，还成金丹亿万年"。此宣言，体现了人类主观积极的寻求养性延命的精神。从此之后，道家养生术经历了由不完善的外丹摸索，到比较科学合理的内丹修炼过程。

注重养生和内丹修炼，是武当武术独具特色的一面。

如果刳除这一内容，武当武术与其他的技击术，在内容方面，是难以区分开来的。注重静功与动功的结合训练，也是武当武术与世界其他搏击术相互区别的地方。

从具体的修炼内容来看，有静功类的存思、服气、胎息等，有动功类的导引、按摩等，也有独成一理的内丹术。这些修炼内容共同组成了武当武术的重要修习内容。

第二节 武当武术中的几个重要哲学概念

武当武术是在中国本土产生和发展的一支武技流派，由于它的发生地是在道教文化圣地、玄武大帝的道场——武当山地区，因此，它的基本理论深受道教哲学的影响。这也是武当武术区别于其他武术流派的重要特点。深入挖掘武当武术的技法、技理，我们甚至可以发现，道教哲学就是武当武术的主要理论支撑。

一、太极阴阳

武当武术之根在于太极阴阳，重视阴阳的协调，几乎每一拳势，每一动作，都以太极阴阳立论。

太极生两仪。道家理论讲"天地一大太极，人身一小太极"。在我们看来，行拳时必须讲人身太极之理。所谓太极理论，实际是阴极而阳，阳极而阴。

也就是说，当阴达到极致，则必转阳，阳达于极致，则必朝阴的方向发展。武当武术便是以此为基础。阴阳范畴下有刚柔、快慢。从武当内家拳的拳法组合来看，在极柔的动

作之后，必有极刚的动作相呼应；在极快的动作后，必有极慢的动作相调节。

太极理论还讲阳中有阴，阴中有阳。从武当拳每一拳式的外在表现来看，上肢阳，则下肢必阴；左手阳，则右手必阴；阴掌必有阳掌相配合……从拳式的内外结合来看，外柔必内刚，外阳必内阴，所谓"孤阴不生，孤阳不长"。

阴阳的转化过程形成了一个太极圈，运化到武当武术中，便是一个"圆"字。单从招式上讲，几乎所有的动作都以圆为运动轨迹，行拳时，或外圆套内圆，或大圆套小圆，或左圆套右圆，或下圆套上圆……以出拳为例，武当拳出拳时，并非直出直收，而是螺旋击出，就像子弹螺旋射出一样。

二、道法自然

《道德经》中说，"人法地，地法天，天法道，道法自然"。遵循自然，是道家及武当道教最为重要的理念。它认为，自然规律才是最高的法则，所有世间的万物都应效法自然，顺应自然，而不能违背自然。

这种理念体现在武当拳法中，即为拳法自然。以前我们练习武当武艺时，在时辰上，都有严格的控制。例如，所谓的子午功，讲究在子时和午时练功。在阴气极盛的子时练功，以吸收阴气；在阳气极旺之午时练功，以吸收阳气。

还有地点的选择。有的在悬崖绝顶，或在得水藏风、林木生机之处。这些都是为了感应自然，参天地，合万物，尽可能做到天人一体，克服自然所带来的某些恐惧，顺应自然的气机。在具体的行拳过程中，要求做到全身放松，自然和顺，而不是强行扭曲。在技击上，要讲究顺人之势，借人之力，借力打力，而不是以硬碰硬，不能"顶牛"。

三、物壮则老

"物壮则老，是谓不道，不道早已。"典出《老子·三十章》。《老子》是道教遵奉的无上经典，又称《道德经》。"物壮则老"，其意如同"物极必反""盛极而衰"等。"老"字当同"衰老""衰落"讲，言当事物到了过度壮盛之后，便要开始衰落了。同样，作为道教"三玄"之一的《周易》也讲"亢龙有悔"，当龙飞到极高的时候，便再也不能向上了，只能向下跌落了，所谓亢龙必有灾祸也。道理与"物壮则老"相同。

"物壮则老"，告诫我们：凡事不能把它做到极致，否则，必会"老"，必有灾。

这条原则在武当武术中一以贯之。清代王宗岳的《太极拳论》讲"无过不及"，一再强调，练太极拳时不可"过"，亦不可不及。"过"与"不及"在最终结果上都是相同的。武当武术中，讲究打拳不可过直，直了就只能往回收，不能再往前进，前进了就很危险，就会跌倒，也很容易被对方控制，所以，打拳不可老，要给前进留有余地。腿不可过直，直了也难以保持平衡。身形不可前俯，不可后仰，中正安舒才是练拳要诀。打拳时"留有余地"，是武当武术不同于其他武技讲究"一击必杀"的地方。

四、柔弱胜刚强

《老子》中一再强调"柔弱胜刚强"。"抟气致柔，能婴儿乎？"（《老子·十章》）谓能结聚精气像婴儿一样柔顺吗？《老子》十分推崇"婴儿""赤子"，认为看似柔弱的婴儿、赤子其实才是最强的。"含德之厚，比于赤子，蜂虿虺蛇不螫，猛兽不据，攫鸟不搏"（《老子·五十章》）。因为婴儿赤子之德最纯粹，没有太多的欲望，不会做欲望的奴隶，而人越长大，越容易被欲望控制人心。

为了论证柔弱胜刚强的道理，《老子》中用了舌头和牙齿的比喻：当人年老时，看似刚强的牙齿却先脱落，而十分柔软的舌头却能够与人之生命相终始。他还多次以水为喻，认为"天下柔弱莫过于水，而攻坚，强莫之能先"（《老子·七十八章》）。所谓水滴石穿。最后，它断言"坚强处下，柔弱处上"。

"以弱胜强"，是武当内家拳的核心理念。武当拳，不管太极拳，还是其他种类的武当拳，在行拳时，都要求缓慢柔和，不可急躁。缓慢练习，可以让我们的心绪沉静，仔细体味动作的行走路线、技击含义等个中三昧。只有在缓慢练习中精其要义，才能在实战时以迅雷不及掩耳之势制敌。

"柔弱胜刚强"，还体现在"四两拨千斤""耄耋能御众之形"。根据于志钧老师在《太极拳史》中说的，这种思想的出现，解决了中国武术一直以来难以解决的一个问题，即当人精力渐衰之后，如何用它来防身御敌。武当内家拳就是在以"少林拳"为代表的崇尚"以力取胜"阳刚类拳法的基础上"复从翻之"，即武当内家拳与他们的拳术理念截然相反。

五、后发制人（主客论）

后发制人是武当武术的一种战术思想，其理论当根于道家哲学经典《道德经》。《道德经》倡导"无为而无不为"，又说"吾有三宝：一曰慈，二曰俭，三曰不敢为天下先"。"不敢为天下先"，体现在武术中，即我不先出手击人，而是在对方出手击打我的时候，我出于防身自卫的目的，才出手进行反击。这实际上也正是法律上讲的"正当防卫"。

从道德层面上来讲，这是中国人倡导"和合""大同""天下一家"等世界观、人生观的具体体现。

从实战技击角度来讲，这又是一种非常科学的战术理论，"吾宁为客而不为主"。作为

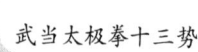

"主"，在我攻击别人的同时，我没有别的选择，因为招式已经出去。但当我为"客"时，我的选择是很多的，可以躲，可以防守反击，可以击打代替守御，也可以走避，等等。

第三节　历史上的武当武术流派

武当武术作为中国武术流派中的一大名宗，它在几百年的发展流传过程中，衍生出了若干流派分支。其中许多流派分支在传承过程中，出现了断代后再续的情况，有的则从始至今一直平稳发展。

现将部分影响力较大的流派加以梳理，呈现如下。

一、武当玄武派

武当山是玄武大帝的道场，玄武派以此命名，又称武当本山派。

其传承依字排行："宣渊一道志，求德振常存。照应通玄理，微希太景成。武当兴法派，惟仙尊之宗。大岳气自然，五龙呈祥烟。玉虚宏图展，三丰丹技传。南岩捧圣真，紫霄永吉昌。"

玄武派是经过了断代的派系。现在的玄武派是从第十三代"通"字辈开始的。

第十三代代表人物有：王通圣。

第十四代代表人物有：史玄一、游玄德、许玄神等。

第十五代代表人物有：史淏天、张理钦（张宏）、袁理敏、田理阳、白理潮等。

第十六代代表人物有：方微明、清风、明月、苍松、玉竹等。

第十七代代表人物有：希武、希宝、希剑等。

流传武技有：太极拳械、形意、八卦、逍遥掌、丹剑、酸八仙剑、玄武棍、拂尘等。

二、武当三丰派

三丰派遵张三丰为祖师，以三丰命名。

其传承依字排行："玄元通道居端静，白鹤乘虚向自清，师资月圆叛志礼，身中抱一管丹成，太上渊微入妙园，凌云星朗贮壶天，功候到日方许就，始悟真言信可传。"

三丰派亦是经过了断代的派系。现在的三丰派是从第十三代"自"字辈开始传承的。

第十三代代表性传承人是王自德。

第十四代是钟云龙，道名清微。

第十五代传承人较多，有陈师行、袁师懋、陈师宇等。

第十六代以袁资皓、刘资炅、袁资仁、孙资义等为代表。

流传武技有：太极拳械、形意、八卦、八仙剑、龙华拳、伏虎拳、八仙棍等。

三、武当乾坤门

乾坤门第二十代是赵超然道长。当代代表性传承人为二十一代王树樟，曾任云南个旧市武术协会副会长。代表性功法有风雷掌、乾坤钩等。

四、武当松溪派

松溪派是武当南派，遵武当张松溪为初祖，是至今传承较为完整的武当武术流派。该派内部传承谨严，部分资料不向外公开，故只能了解其大略。

传承人物：张松溪——叶继美——吴昆山、周云泉、单思南、陈贞石、叶继槎——李天目、徐岱、王征南——余波仲、吴七郎、陈茂宏、黄百家……张午亭——陈晓东——陈伯庸——陈瑞峰、吴兴贵、苏有为、李良鹄、林济群——王维慎、游民生、黄延忠——姚忠正等。

代表性功法有：白虹剑、六步拳、鹞子拳（天盘、地盘）、问津拳等。

五、武当神剑派

神剑派代表性传承人为关亨九。该派以字成拳，独具特色。有《武当拳宗字拳二十四字秘诀》手抄本传世。

基本功法有六个桩功，分内、外各三桩。

六、武当恒山派

恒山派遵武当道人沈成宽为祖，因沈成宽后云游至山西恒山白云观居住，故称武当恒山派。

代表性传承人有第十七代刘庆玉，第十八代张开文等。

代表性套路有：迷魂拳、迷魂刀、迷魂剑等。

七、武当太乙五行门

太乙五行门遵明代弘治年间（1488—1505）武当道人张守性为初祖。张守性创编《武当太乙五行擒扑二十三式》，即武当太乙五行拳，该拳为太乙五行门的核心功法。

其传承谱系：张守性……李合林——金子弢——赵剑英、陈永霞——覃侠等。

代表性功法有：武当太乙散架功 、武当太乙柔臂功、武当太乙五行拳等。

八、武当太乙铁松派

太乙铁松派源于明清之际。遵武当铁松子为门派初祖。故称太乙铁松派。

代表性传承人有李兆生。

代表性功法有：武当太乙散手、玄都玉女功、武势玉环桩、太乙八门掌法等。

九、武当丹派剑术

丹派剑术立九派、分三乘，全套剑法共 132 式，可以按套路演练，也可以拆开散练。至今传授至第十三代。此派遵张松溪为一代祖。

代表性传承人有孟晓峰、马杰等。

十、武当剑

这里指世传武当剑术一门流传。这一脉流传在民国乃至当代影响力都比较大，遵张三丰为祖师，张松溪为第一代祖。至晚清时期始传承甚为清晰，原因是出现了武当武术流传过程中第一个著谱的武当剑术大家宋唯一，他打破了道内口耳相传的流传方式，开始付诸文字，撰写《武当剑谱》，该书厘清了此派剑术每一代代表性传承人。

另一位武当剑术大家是李景林。李景林声名显赫，曾在中国近代史上拥有举足轻重的地位。李景林为南京中央国术馆预选馆长，又执教于浙江国术馆，创办山东国术馆。

与此同时，他教出了一大批在中国武术史上具有举足轻重地位的武术人物，如孟晓峰、万籁声、李天骥、黄元秀、高振东、褚桂亭、孙存周等。中华人民共和国成立后，国家体委组织创编的《甲组剑》，有近一半的动作取自武当剑。其中，最重要的创编者就是武当剑重要传承人李天骥。此套剑术出来之后，迅速风靡全国。现在世面上流传非常广泛的 49 式武当太极剑，是李德印先生根据世传的此套武当剑改编的。

传承谱系有：张松溪——赵太斌——王九成——颜昔圣——吕十娘——李大年——陈荫昌——张野鹤——宋唯一（宋唯一，《武当剑谱》，1922）。宋唯一之后的传承谱系有：宋唯一——李景林——黄元秀、郭岐凤、李天骥等——李德印、李德芳等——苏韧峰等（张宏，《武当太极拳十三势》，2018）。李景林之后的传承人比较多，流派分支状况非常复杂，本书列举一种传承，以窥一豹。

十一、徐本善传武当武技流派

徐本善是晚清、民国时期武当山的著名道总。道总即为武当山道教的实际管理者，相当于当今所说的掌门，或者会长之类的职位。

徐本善生于 1860 年，殁于 1932 年。相传是武当全真龙门派的第十五代重要传承人，但所学武技甚为繁杂。徐本善在中国武术史上甚为出名，是因为他与贺龙的一段交往，又支持过中国工农红军，后被国民党第五十一师营长马老七枪杀于武当紫霄宫外的万松亭。

徐本善武技传承于冷合斌、水合一、李合起，以及俗家弟子张俊山、许俊生等。张俊山后跟随贺龙、刘伯承、邓小平等部队，加入中国共产党，改名张国祥，曾参加过三大战役之一的淮海战役，还有进军西南、解放华北等著名的战役。曾先后荣立一等功两次、乙等功一次，在强渡黄河的战役中又立大功一次。中华人民共和国成立后，成为南下干部。

张俊山传张宏（理钦）等，张宏传方立延（微明）等。

代表性武技有：武当战龙拳、武当战剑法、散剑法、太极拳械、武当传统散手实战技法、武当 108 式擒拿法等。徐本善之后的传承人比较多，流派分支状况比较复杂，本书列举一种传承，以窥一豹。

除此之外，各种武当武术流派尚有武当紫霄玄真神剑门、武当清虚派、武当龙门派、武当淮河派、武当三丰自然派、武当流通门、武当鱼门拳、武当大字门、武当玄门、武当九宫门等。

武学寄语："清空你的杯子，方可再行注满。"——李小龙

先入为主的观念，只会让人在学习时障碍重重。就像已满的杯子不能再注入新鲜之水，涂满颜料的纸不能再描出美妙之画。"空"是一切技艺习得的无上法门。

第二章 太极拳说略

第一节 太极拳创始简论

关于太极拳的创始问题，在太极拳界、武术界，乃至在整个民族文化界，百余年间一直争执不下。

有说是武当张三丰创始，也有说是陈家沟陈王庭创始，也有说是王宗岳创始。本书认为，太极拳创始既不是张三丰、陈王廷，也不是王宗岳，而是人民群众集体智慧的结晶。

张三丰的传说自明朝初年开始，就家喻户晓，其会武艺的记载也风行了几百年。但是，第一次与太极拳挂上联系的翔实可靠的材料，出自晚清太极拳杨家。著名的武术史家马明达先生也持此观点，而其观点在现存遗留的一些材料中，已经得到了佐证。张三丰其人出现的时间，与太极拳一词首次出现在史料上的时间相差近 500 年。所以说，张三丰是太极拳的创始人，缺乏可靠资料的支撑。但是，张三丰其人经过几百年的历史沉淀，已经成为了一个文化符号，赋予了丰富的文化内涵，是以把他遵奉为太极拳创始人，可以为多数人所接受。

陈王廷是明末清初人，也确实是陈氏拳手。第一次论证太极拳由陈王廷创始的学者是唐豪。唐豪是中国第一代事实意义上的武术史家。所以，他的观点经过其后继的发展得到了广泛传播。

然而，事实上唐豪先生的论证是存疑的：首先，唐豪先生于 1930 年至 1931 年，在陈家沟发现的《陈氏家乘》和《陈氏家谱》中，并没有出现"太极拳"一词，仅出现"拳""拳手""拳师""拳头"等。其次，在 1933 年的《太极拳根源》中，唐豪先生自己也承认"不过谱注和诗，均未说明其所造者为太极拳"。

这说明，唐先生的观点其实是自相矛盾的。陈家拳以"太极拳"命名与陈鑫的功劳是无法分开的。从 1908 年到 1919 年，陈鑫共花了十二年左右的时间撰写《陈氏太极拳图画讲义》，即现在陈氏太极拳至高无上的理论著作《陈氏太极拳图说》（撰写此书的原因是杨露禅用太极拳之名在京师名声大噪，人称"杨无敌"）。也就是说，陈家拳以太极拳为名，最早只能推到 1908 年，比王宗岳的《太极拳谱》出现的时间还晚。至少目前能看到的最早资料是如此。

所以说，太极拳是陈王廷创始的，也是缺乏有力的证据的。

王宗岳的《太极拳谱》是武澄清于 1852 年发现于河南省舞阳县盐店。这是目前为止"太极拳"一词出现的最早资料。但王宗岳其人如神龙见首不见尾，居然只出现在《太极拳谱》中，此外，并无任何其他可靠资料可以参考其生平事迹、出现年代。

也有人说，《太极拳谱》的真正作者就是武禹襄，只不过托名王宗岳，两人其实是一人。

这种观点的理由有三：其一，武禹襄虽是拳手，但声名不显，作《太极拳谱》而署名自身，怕影响力不够，于是托名王宗岳；其二，借先贤来立言，是古来传统，这已经成为一种约定俗成的习惯，如少林拳托名达摩所创，康有为写《孔子改制考》借孔子来阐扬自己的改革观点；其三，武禹襄的文化水平很高，是文秀才，是武人中难得的文化巨匠，完全有能力写出《太极拳谱》这么高深的理论著作。

不过，这些都只是推论，目前尚无事实资料的佐证。要把推论做事实，也难以让人信服。这些推论观点不妨作一家之言，以备翔实的资料出世，进行佐证。

本书认为，太极拳创始既不是张三丰、陈王廷，也不是王宗岳，而是人民集体智慧的结晶。张三丰虽然创立了内家拳，但是，把他作为太极拳的创始者，显然缺乏翔实的资料佐证。陈王廷其人其文化底蕴十分单薄，文化承载力难以服众，也缺乏翔实的资料佐证，故实难承当创立太极拳的重任。王宗岳其人就难考证，更不用说太极拳的创始了。

事实上，我们所讲的太极拳不仅仅是一种拳术，一种功能多元化的技击术。它更多地承载了我们中华民族几千年的文化之道，是民族文化的结晶，是一种文化承载力很高的艺术精品。随着中国的国际地位不断上升，中国文化也成为全世界人民所瞩目的一部分。我们国家为了更好地传播中国传统文化，在世界许多国家都开设了孔子学院、孔子课堂。

中国武术，尤其是太极拳作为中华文化的一个代表，以其丰富的文化信息，成为承担传播中国传统文化的重要载体。深入学习太极拳，我们可以了解其寄托的中国哲学、礼仪、处世之道，以及中国人的精气神。

至于武当武术、武当太极拳尊张三丰为祖，是有其现实原因的。

这正如于志钧老师所言，"尊崇张三丰是武当武术发展的必然"。张三丰源于现实，却又高于现实。现实的张三丰经过历史的不断升华，已经成为一种文化承载力很高的文化符号。此时的张三丰，已经不再是一个个体，而是一个集体，集中象征了人民的智慧。

第二节　各派太极拳创始说略

太极拳是现在流传最为广泛、习练人数最多的拳种，太极拳的习练者遍布全球。在中国，几乎每十个人中，就有一个人练过或者正在练习太极拳。太极拳是一个拳种总称，其下又有若干的分支流派。现将流传习练人数较多、传播较为广泛的创始者略为述说，分享给读者。至于某些创始者和流传者存在争议，本书仅选取其中一些较为合理的解释述之。

武当太极拳一直在道内流传，很少与外界接触，加之武当是道教流派，羽流出世隐逸，故流传不是特别广泛，更少有文字传世。

武当太极拳其流传均祖述为张三丰。虽然我们认为把太极拳与张三丰相关联，暂时缺乏有力的事实证据，但是，不可否认，张三丰创立的内家拳对武当太极拳创立的影响。

因此，我们暂祖述张三丰，然后经过历代门徒的习练，不断发展和完善，最终形成了颇具特色的武当太极拳。

其传承大略如下：张三丰——邱元靖、刘古泉等——赵太斌——元虚子——陈玄月——艾莲池——李凤祥——尚道明——顾殿一、陈荫昌等——明瞭道人——徐本善、张鹤亭等。徐本善之后的这近百年间，名家辈出，本书暂不续写。这是一种传承，这一传承谱系参考了武当学者谭大江先生，以及杨春老师等人的成果。

武当内家拳流传时间较为久远，传承远不止这一种。但是，由于武当武术"言祖不言师"的传统，以及古来武术是秘技和拳勇地位颇低等原因，其传承远不如文化学术界的师承那么清晰。自从武当山开始重视武当武术之后，各种与武当太极拳有联系的流派纷纷面世，但其他的传承要么有断代、不完整，要么缺乏有力的资料进行佐证，究莫测其正讹。

宋氏太极拳是与武当太极拳联系最为紧密的一派太极拳，出现在民国时期。当时，宋书铭是袁世凯的幕僚，他自称为宋远桥后裔，精太极拳，有《宋氏太极拳源流支脉论》一文传世。这一篇文献流传甚广，具体内容详录于本书第八章。后世著名的武侠小说作家金庸先生笔下的武当派世界基本素材均来源于此，如武当七侠、武当创派等。从宋书铭所传宋氏太极拳的基本拳理技法来说，确实有不同于当世太极拳流派之处，且他本人的技艺也确实高于当世太极拳手。

1914 年至 1921 年，北平体育研究社的太极拳巨子们，如许禹生、纪子修、杨梦祥（少侯）、吴鉴泉、刘恩绶、刘彩臣等人，均与宋书铭有过切磋交流，在与之推手过程中，均莫能与之相持。杨少侯是杨露禅之孙、杨氏太极拳第三代嫡传，吴鉴泉是吴氏太极拳第二代嫡传。这几人在武术界的分量自是很重，但是，都在宋书铭手下有过失手。这说明，宋书铭的太极拳确有独到之处。其后的吴鉴泉、刘恩绶、刘彩臣等人，均先后拜宋书铭为师，学习其技。故吴鉴泉既是吴氏太极拳传人，亦是宋氏太极拳传人。宋书铭的太极拳经吴鉴泉后传吴图南，后又传至当代于志钧等。其实，宋氏太极拳自吴鉴泉之后，已经不再单纯。

陈氏太极拳是当今流传非常广泛的一个太极拳流派。

陈氏祖述陈氏拳手陈王廷，其实缺乏有力的证据。陈长兴是陈家拳发展到陈氏太极拳过程中不可不说的人物，他的功绩在于打破了陈家拳不可外传的规矩，教出了杨露禅这位名震京师的"杨无敌"。但是，陈长兴也不是陈氏太极拳创始人，否则，杨露禅在出陈家沟返乡时，并没有称名"太极拳"，而是以"软拳""囮拳"之类名之。

陈氏太极拳一名的出现应当归功于陈鑫。陈鑫于1908年始，用了十二年的时间写出了《陈氏太极拳图画讲义》，也就是后世陈氏太极拳著名的理论著作《陈氏太极拳图说》，自此，陈氏太极拳开始称名。陈氏族人走出陈家沟，致力于传播陈氏太极拳，陈氏太极拳开始显名。有关详细的考证信息，于志钧先生在大部头著作《太极拳史》中有非常翔实的论证。这本书的论证采用传世材料，进行逐条细致的对比和科学严谨的逻辑推理的方法，并花费了大量的人力和时间进行实地的田野调查，结果比较科学且有说服力。

杨氏太极拳是当今流传最广泛、习练人数最多的一派太极拳。

创始者杨露禅（1799—1872）曾三下陈家沟，向陈长兴学习陈家拳，历时十余年，后在王宗岳《太极拳谱》理论思想的指导下改造陈氏拳法，升华了拳术，世称杨氏太极拳。

至于杨露禅是如何得到《太极拳谱》的，于志钧老师在《太极拳史》中推测，是身怀此谱的武禹襄拿去给杨露禅看的，目的是为了共同研究。杨露禅后在京师显技，名声大震，人称"杨无敌"。

传说1864年，同治、光绪二帝帝师翁同龢在观看杨露禅武艺后曾大加赞扬："杨进退神速、真假莫测、身似猿猴、手如运球，犹太极浑圆一体也。"并书赠对联："手捧太极震寰宇，襟怀绝技压群英。"太极拳的发展和传承，杨氏太极拳功不可没。杨氏太极拳最早向外公开教授太极拳，并且以一己之力，使太极拳名扬天下。之后，杨氏每一代均人才辈出，其弟子亦能独挡一面，开宗立派。

武氏太极拳创始人武禹襄（1812—1880），曾祖父是武庠生授卫千总职；祖父大勇，弱冠游武摩；父烈，是邑廪生，可谓世为武职。武禹襄本身会武。在文学方面，长兄武澄清是举人，次兄武汝清是进士，本人是秀才，全家文化修养都很高。可以说，在所有太极拳创始者之中，武禹襄是文化修养最高的。武禹襄好武，且不愿出仕，考上秀才后便很少应试，终其一生以习武、研武为事。武禹襄身怀王宗岳《太极拳谱》，先后与河南赵堡镇陈清平、同县杨露禅相互研究，后得其妙，神乎其技，创立武氏太极拳。

赵堡太极拳创始人是河南赵堡镇陈清平（1795—1868）。陈清平是陈家沟陈氏族人，会陈家拳，后因经商需要，迁至赵堡镇。根据记载，武禹襄身怀王宗岳《太极拳谱》，前往赵堡镇与陈清平一起"研究月余，而精妙始得，神乎技矣"。

这段记载出自李亦畬的《王宗岳太极拳谱跋》，时间是清咸丰三年癸丑，也就是1853年，距离武澄清得到王宗岳《太极拳谱》时间（1852）仅一年。亦即武禹襄从其兄武澄清处得到此谱后一年，就前往赵堡镇与陈清平探讨，探讨的结果是，两人的武技水平均大有提高。此后，陈清平的赵堡太极拳开始出现并扬名。赵堡太极拳现在亦是太极世界中的一大成员，后进者亦有开宗立派的，著名的和氏太极拳便出自赵堡太极拳。

和氏太极拳的发起时间稍迟。此派太极拳创始人为和兆元（1810—1890），是陈清平的入室弟子。和兆元由于本身精通中医，又善文（曾跟随理学大家李棠阶），因此，在陈清平拳架上，利用中医、儒学、道家等思想的理论进行指导，使太极拳架面貌焕然一新。技法上，和氏太极拳以"靠"法闻名，太极拳界有"和家靠"之说。当代和氏太极拳名家是和氏太极拳嫡传和有禄先生。

孙氏太极拳创始比和氏太极拳更迟。其创始人是孙禄堂（1860—1933），在当时武林中有"活猴"之称。孙禄堂好武，先后跟随形意拳名师李魁元、郭云深等学习形意拳，跟八卦掌名师程廷华学习八卦掌，跟太极拳名家郝为真（郝为真从师李亦畬学习太极拳，李亦畬又跟随武禹襄学习太极拳）等学习太极拳，后融太极、形意、八卦为一体，创立闻名于世的孙氏太极拳，曾任南京中央国术馆武当门长。孙禄堂是一位著作甚丰的武术大家，著有《形意拳学》《八卦拳学》《八卦剑学》《太极拳学》和《拳意述真》等五本武术经典著作，影响深远。当代孙氏太极拳名家为孙永田。

吴氏太极拳创始人是全佑（1834—1902），全佑向杨露禅及其子杨班侯学习杨氏太极拳，得其真诀。全佑的杨氏太极拳经过几十年的发展和熔炼，传到其子吴鉴泉及其大弟子王茂斋手中时，已经是全新的太极拳系了。也就是说，吴氏太极拳在吴鉴泉和王茂斋时才正式定型。所以我们称吴鉴泉为吴氏太极拳南派之宗，王茂斋为吴氏太极拳北派之宗。

除此之外，尚有一些太极拳的流传人数较小的流派，本书就不再一一列举了。

第三节　武当太极拳简论

一、太极溯源

中国历史上，"太极"一词最早出现在《庄子·大宗师》中："大道，在太极之上而不为高；在六极之下而不为深；先天地而不为久；长于上古而不为老。"

司马彪云："六极，四方上下也。"

郭象注："道无所不在，故在高为无高，在深为无深，在久为无久，在老为无老。且上下无不格者，不得以高卑称。内外无不至者，不得以表裏名。与化俱移者，不得言久。终始无常者，不可谓老。"

"太极"是一个哲学范畴，是关于宇宙本原的哲学概念。《周易》中讲道："易有太极，是生两仪，两仪生四象，四象生八卦，八卦定吉凶。"世间万物都是由"太极"这一本原生发而来。太，是"大"的意思；"极"，则是指极致、尽头等意思。物壮则老，老则变，变则化，所以，变化为太极的核心。

太极理论是形成太极拳的核心思想，太极拳的所有行动须符合太极之理。

二、道教内丹术

道教的兴起，最初源于人们对"长生"一事的追求。于是，在长期的生产活动中，经过道教先贤们不断的生活实践，形成了独具特色的内丹养生术。

内丹术是在认识到外丹术在养性延命方面失败后而兴盛起来的。

所谓外丹术，又有仙丹术、炼丹术、金丹术等多种叫法，先后经历了以草木之药炼丹到以金石之料炼丹的过程。无论是草木之丹，还是金石之丹，都有着不可避免的毒副作用，有的甚至是毒性大于药性。历史上许多著名的贤明帝王，由于错误地过多服用丹药而殒身丧命。北宋著名道人张伯端曾在《悟真篇》中深刻指出，当时以外丹求养生的结果是："于修身之道率多灭裂，故施力虽多，而求效莫验。"

在此背景之下，主张性命双修的内丹术开始兴起。

内丹术相对于外丹术而言，是以人体为鼎炉、精气神为药引，在人体内部炼制而成的一种不死药。当然，这是一种取象类比的说法。

内丹的理论基础，是由汉末魏伯阳的《周易参同契》奠定，所以，此书又被尊称为"万古丹经王"。到唐代经过张果、罗公远等人的发展，逐渐兴盛，至晚唐五代时达到鼎盛，出现了一大批内丹修炼家，并卓有成效。例如，钟离权、吕洞宾、陈抟、刘海蟾、张无梦等人。到北宋的张伯端，内丹术的修炼法门趋于完备。他的理论著作《悟真篇》和《金丹四百句》集前人修炼法与自身体悟之心得大成，在中国道教内丹修炼法门上有着深远的意义。正因为如此，张伯端本人被尊称为"紫阳真人""道教南宗初祖"。

与此同时，以王喆（即王重阳）、全真七子为首的北派全真道亦开始兴起，其修炼法门与南派正好相反，主张先性后命的清修苦炼。全真道以伍守阳、闵一得等人所著的《仙

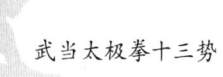

佛合宗语录》《天仙正理直论》《古书隐楼藏书》等内丹论术最为详备。

与武当武术关系最为密切的内丹派别是西派。清代四川嘉州的李西月自称得遇武当张三丰、东派的陆西星等人之内丹修炼法门，撰有《三车秘旨》等，阐扬道家内丹，其法门统摄道家内丹诸派之精义，主张性命双修，对炼心、炼气之修炼法则，发挥甚为精到。

除此之外，尚有以陆西星为代表的内丹东派、以李道纯为代表的中派、以陈抟为代表的老华山派、以全真七子之末的孙不二为代表的清静派（此派独具特色。由于孙不二为著名的女道人，故其专传与男子内丹不同的女丹）。一时之间，各种各样的内丹修炼法门蔚然成风，此后长盛不衰。

内丹修炼以中医养生学说为基本内核。在内丹兴起之初，主要以《黄帝内经》为重要的修炼指导。通过长期的内丹修炼实践证明，内丹修炼并没有像服用外丹那样有副作用。修炼内丹术，若修炼得不好，对人体并无大的损害，修得好了，却是成就"益寿延年"的重要法门。

三、武当太极拳

武当太极拳以太极哲学为理论根基，以道教内丹术为重要宾辅，以道教理论为补充滋养，以防身御敌的实战招式为实在形态，形成了区别于其他太极拳流派的独特拳种。太极哲学、道教内丹术和道教理论是武当太极拳的三大核心思想。

武当太极拳讲究和谐圆融，不带烟火气。在行拳过程中，要求行云流水，柔化刚发。在实战中，讲究后发先至，小力制大力，避免"顶牛"。武当太极拳尤其重境界，内蓄满而形诸外，形体表现出来的东西只不过是十分之一，而有九分要藏在人体内部，就像冰山一样，露出海面的部分仅是一角，没有海底这十分之九的托付，就没有海面上十分之一的震撼。武当太极拳只有做到了内九外一，才能饱满，才能坚强，方有境界。

武学寄语："学习是一个发现的过程，这个过程永无终结。"——李小龙

学术是一种促进认知的方法。但是，所有的认知都是在一定范围内的认知，它有界限，并非完美无缺。各种技艺流派纷呈，就是源于认知的这种特性。所以，人活着，就得不断学习。

第三章　再论张三丰

第一节　关于张三丰

张三丰在中国武术史上一直争议颇多。

首先争议的是，是否有张三丰这个人，其次张三丰与张三峰是否是同一个人，再次太极拳真的是张三丰创立的吗？

可以肯定的是，张三丰确有其人，这在明朝正史《明史·方技传·张三丰传》中有明确地记载："张三丰，辽东懿州（今辽宁彰武）人，名全一，一名君宝，三丰其号也。"

另外，各种地方志、稗史、正史、碑文，也佐证了张三丰本人是真实存在的。

在 1992 年北京体育大学出版社出版的《武当拳之研究》，和 2011 年湖北科学技术出版社出版的《武当拳发展之研究》两书中，也对张三丰其人进行了大量详尽的考证。两书均由武汉体育学院武术教授江百龙主编，收集和甄别了存世的张三丰史料。

一个有趣的现象是，历史上出现过两个张三丰。一个是《明史》中的"张三丰"，另一个是清初大儒黄宗羲在《王征南墓志铭》中的"张三峰"。这两个张三"fēng"都出自可信度极高的史料，他们事迹相近，只是一个字音同而形义不同。

《明史》是官方正史，它在人名、地名等的考证上，理应十分谨严。黄宗羲是中国历史上著名的学者，学术功底十分深厚，学术态度认真严谨，是与王夫之、顾炎武齐名的清初三大思想家之一，应该也是可信度极高的。仅仅因为是一个字形的差异，有些学者就认为，张三丰是伪造的人物，似乎难以令人信服，有些过于武断，并不是科学的考证态度。

有的学者认为，张三丰与张三峰应该是两个人，两人都是武当道教中的人物。不过，会武艺的应该是出现在北宋徽宗年间的那个张三峰，而元明时武当道教中的张三丰，只不过是武当丹士，不会武艺，否则，同一人年龄跨度不可能超过两百岁。

武当武术研究专家谭大江先生也认为是两个人。不过，两人均会武艺，北宋之张三峰与元明时期的张三丰，在内家拳技上，是一脉相承的。

还有一些学者认为，两人本就是一人，只不过出于某种政治目的，而在记载上把字的年代加以改变。如杨立志教授曾在《武当》杂志上撰文认为，两个张三"fēng"其实是一

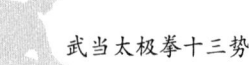

人，黄宗羲把元明时期的张三丰写成"宋之张三峰"，是有其政治目的的，这是在古代史书中常见的春秋笔法。

太极拳史家于志钧先生亦持此说。这两种说法都具有一定的道理，可备一家之言。

在前文的论述中，笔者使用的是"张三丰创造内家拳"说，而并没有说"张三丰创造太极拳"。

笔者在翻阅各种权威资料后，发现"太极拳"名称的出现其实非常晚。

我们现在看到的"太极拳"一词出现的最早的史料，其实就是王宗岳的《太极拳论》。王宗岳的《太极拳论》最早是武氏太极拳创始人武禹襄的哥哥武澄清（时任舞阳县知县）于河南舞阳县盐店发现的，同时发现的还有王宗岳的《打手歌》。武禹襄从其兄处得到此谱，如获至宝，时在咸丰二年（1852 年）。

在此理论的指导下，武禹襄结合自身的拳技，再和赵堡镇的陈清平相互切磋交流，于是就形成了一直流传至今的武氏太极拳。后李亦畬随其母舅武禹襄习拳，造诣也很高。

李亦畬在《王宗岳太极拳谱跋》（1881 年 10 月 15 日）中记载道："此谱得于舞阳县盐店。"亦从另一角度佐证了《太极拳谱》的获得。《太极拳史》研究专家于志钧老师根据这些资料，也认为，"太极拳"一词最早应该出现在 1852 年。

至于现在陈氏太极拳认为的太极拳是陈王廷创造的，这种说法缺乏实在证据。前文已有陈述。陈氏太极拳一词的出现比王宗岳《太极拳谱》至少晚了五六十年。

张三丰创立的是内家拳，不是太极拳。黄宗羲在《王征南墓志铭》中写道：

> 少林以拳勇名天下。然主於搏人。人亦得以乘之。有所谓内家者。以静制动。犯者应手即仆。故别少林为外家。盖起於宋之张三峰。三峰为武当丹士。徽宗召之。道梗不得进。夜梦玄帝授之拳法。厥明以单丁杀贼百余。
>
> 三峰之术。百年之後。流传於陕西。而王宗为最著。温州陈州同。从王宗受之。以此教其乡人。由是流传於温州。嘉靖间张松溪为最著。松溪之徒三四人，而四明叶继美近泉为之魁。由是流传於四明。四明得近泉之传者。为吴昆山、周云泉、单思南、陈贞石、孙继槎。皆各有授受。昆山传李天目、徐岱岳。天目传余波仲、吴七郎、陈茂弘。云泉传卢绍岐。贞石传董扶舆、夏枝溪。继槎传柴玄明、姚石门、僧耳、僧尾。而思南之传。则为王征南。

学术谨严的黄宗羲在此明确说明，张三峰创立的是"以静制动"的内家拳，并在此也趁机说明了内家拳的源流传承。他的儿子黄百家在《学箕丛稿·王征南先生传》中亦说："张三峰既精于少林，复从而翻之，是名内家。"

从《王征南墓志铭》到王宗岳《太极拳谱》这数百年之间，许多技击家都祖述张三丰，但均无一家提到张三丰创立的是太极拳。著名武术史家马明达先生认为，"将张三丰和太极拳联系起来的说法最早出现于晚清。当时，杨氏太极拳的一代宗师杨班侯在京城教练太极拳时，为了给这一拳种有个正统名分，得到主流社会认可，假托太极拳是道家鼻祖张三丰所创。从此，这种观点才传播开来。"马明达先生的观点具有资料支持。

1928 年，杨氏太极拳第二代传人杨少侯与其弟子的一张合影，照片旁有文字注解："永年杨少侯先生，武当拳嫡派也。"(《中国传统武术史》，278 页) 这张照片现存于于志钧先生处，先生在其著作《中国传统武术史》中有刊登。

第二节　张三丰与武当武术、武当太极拳

武术界关于内家拳是不是张三丰所创，太极拳是不是张三丰所创，存在许多争议。但为什么现在武当武术以及许多太极拳流派都要尊奉张三丰？

这正如少林武术尊奉达摩一样，是有其原因的。

现在，有一些武术考证家对张三丰持否定论，以此出发，来达到否定武当内家拳和武当武术的目的。这在逻辑上是不能成立的。科学而全面的思考，应该要从事件本身出发，来探求其本源和实在的价值意义。因为，即便张三丰是传说，也不能证明武当内家拳也是假的，两者不能等同。把武当内家拳的存在性和张三丰的真实性等同起来，这是非常牵强的。前面已经说过，武当内家拳有很多是张三丰所创。但是，也有很多拳种并非张三丰所创。武当武术是一个庞大的体系，分支流派也很多。所以，即便否定了张三丰，也不能否定武当武术的存在价值。更何况，张三丰的确实存在性已经得到了实在史料的证明，其会武艺、精通剑道的记载，也翔实可靠。

张三丰无论是在官方正史《明史》、地方志《宁波府志》中，还是在大学者（如黄宗羲）的记叙中，都存在会武艺的记载。虽然有些记载具有传奇性，不过，剥去这些夸张的外衣后，我们依然能看见留下来的主要信息。这就像我们的神话一样，无论是多么夸张，多么不可思议，总是在现实的基础上，由一代又一代的民间传承人加工夸张而形成的。所以，即便是神话，亦并非空穴来风。

现实的张三丰历经几百年，在一代又一代的传说和演变中成了一个传奇。如今他已经成为一种文化的象征，具有巨大的文化承载力。人们愿意把很多拳种（包括太极拳）的发明都归功于张三丰。

"对张三丰的崇拜是武当武术发展的必然"（于志钧《中国传统武术史》，272 页，中国人民大学出版社）。于志钧先生说，这是因为张三丰具备了如下六个条件，即民族性、

传奇性、代表性、实质性、影响力和公认性。

本书认为，富有丰厚文化底蕴的博大精深的武当武术——太极拳不可能是一人一时创造出来的，至少不是所有的武当武术拳种都是一人一时的创造。据事实资料显示，很多武当武术拳种并不是张三丰所创，如太乙五行拳，就由身处武当山的龙门派第八代张守性所创。在张三丰之前，也有武当武术流传，如在唐宋时就比较盛行的太乙、天罡、龙门、清虚四大武技传承。

张三丰以其得天独厚的条件，可以成为武当武术的集大成者和部分武当拳种的创始者，是武当武术的功臣，但不能囊括所有的武当武术拳种。"江山代有才人出，各领风骚数百年。"武当武术、太极拳的形成、发展、壮大，是人民集体智慧的结晶，是在一代又一代的传承中不断完善和发展起来的。

"张三丰"由一"人"变为一"词"，其实，也是人们对于文化的膜拜，对历史的敬仰。尊崇张三丰，就是尊崇人民的集体智慧。武当武术、武当太极拳尊崇张三丰为祖，并不是尊崇张三丰这个个体，而是尊崇人民的集体智慧，尊崇历史的伟大。

武学寄语："不虚美，不隐恶。"——《汉书·司马迁传》

李小龙讲："教晓他人技艺容易，可是教导他人态度困难。"历史的观察需要客观公正的态度。杰出的史家之所以被人所尊重，并非是他的观点就是历史毫无偏差的真相，而是他审视历史以公正而客观的态度。这是最了不起的。

第四章　武当太极拳十三势基本功

合抱之木，生于毫末；九层之台，起于垒土。基本功永远是所有技艺的入门之阶。基础的扎实是成为技艺高手的必经之途。

第一节　基本手型

一、手型

（一）拳

太极拳的拳要求中心要空，即空心拳，武当太极拳亦是如此。拳型中心要空，犹如握着一个小鹌鹑蛋，拳面要平，拳背亦要与小臂相平，切不可抖腕或沉腕，大拇指与食指、中指末指关节端相合。

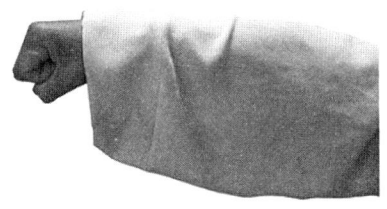

拳

（二）掌

太极拳的掌，要求八字掌，亦称自然掌，五指自然放松，虎口外撑，成八字，所有的指尖要外撑，同时，劳宫穴内含。劳宫穴所处位置，道家称之为小天星。武当太极拳十三势，大部分以此掌型为主。

掌

（三）勾

太极拳的勾，不同于长拳之勾，要求大指面与中指、食指的指尖相合，不可用力；勾心犹如握着一个大鸡蛋。勾尖不可用力勾紧，不可成尖。

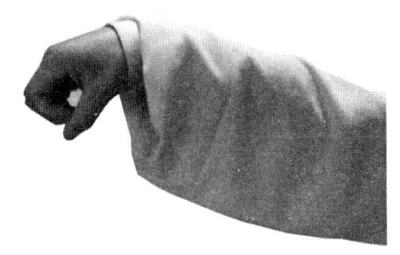

勾

第二节　基本步型

一、弓步

弓步又称弓箭步。在太极拳中，弓步又称为弓步桩。

动作规格要求：前腿屈，后腿直。前脚尖要求直向前；前腿屈膝幅度要求小腿与地面垂直即可，前膝盖不可过脚尖（过脚尖即为跪膝），小腿不可向后倾斜；前大腿面，可根据自身功力情况做倾斜度的调整，斜度可大可小，功力强的，大腿可以向与地面平行的目标靠拢，以加强腿步功力练习，功力稍弱的，可以尽量加大倾斜度，以减轻下肢受力；后腿要直，后脚尖外摆45度左右；两脚之间开档要有20到30厘米（所谓开档，是指以前脚内侧拉一条直线，后脚脚跟内侧拉一条直线，两条平行线之间的距离）；整个身体呈保持中正安舒的状态，身体不可前倾，不可后仰。

注意：根据前大腿的倾斜度和步幅的大小，分为高、中、低三种不同的弓步桩情况。练习者需根据自身情况做调整。此外，根据前后腿的不同，又有左弓步与右弓步的区分，左腿在前，称为左弓步，右腿在前，称为右弓步。

20到30厘米

弓步

二、马步

马步是武当太极拳中的基本步型，又称马步桩。

具体方法是：两腿开立，两脚之间的距离大略为三脚半；两脚大略平行朝前；屈膝半蹲，大腿面最低不可低于平行，最高没有硬性要求，可根据练习者的功力自行调整；两膝不可过脚尖，过脚尖即形成跪膝，不可内扣，内扣即会形成夹裆；裆部要圆撑。

　　注意：根据大腿倾斜幅度与两脚距离大小，也可分高、中、低三种马步桩。

　　练习者可以根据功力，进行自我调节。

　　另，武当太极拳中，大多以偏马步为主要步型，偏马步即重心偏于一腿之上。

马步

三、仆步

　　两腿左右分开；一腿直，一腿屈，臀部坐于后脚跟之上；两脚尖平行朝前。

　　注意：根据直脚的不同，区分为左仆步与右仆步两种。左腿直为左仆步，右腿直为右仆步。

仆步

四、虚步

　　虚步在太极拳中一般为高虚步。双脚一只脚在前，一脚在后，前脚以前脚掌点地，脚跟微微抬起；两膝微屈，后膝弯曲幅度大于前膝；后脚外摆 15°至 45°；身体重心落于后腿。

　　注意：虚步亦分左虚步与右虚步，左脚在前称左虚步，右脚在前称右虚步。

虚步

五、歇步

双腿交叉全蹲，后膝位于前膝之下，但不可触地；后脚跟抬起，以脚掌着地，臀部贴于脚跟之上；身子直立，成中正安舒的状态。

注意：歇步亦有左歇步与右歇步之分，左腿在后，称之为左歇步，右腿在后，称之为右歇步。

歇步

武学寄语："教拳不教步，教步打死老师傅。"——《拳谚》

杰出的武术革新家李小龙先生常说："一个人的技术素质取决于其步法的运用。"实战中，熟练精谨的步法，关系着距离感的完美把握，关系着其他技术要素的有效施用。套路演法中，步型是所有技术之基石。舍步型而求其他，犹如缘木求鱼，达者所不为也。

第五章　武当太极拳十三势套路图解

武当太极拳十三势是武当太极拳中最古老的太极拳。

据载，武当太乙五行拳是明代武当高道张守性据武当太极十三势加以呼吸吐纳之法创编的，武当太极十三势在明代张守性之前就已经出现，但是翔实资料，有待考证。

武当武术传承者尊奉张三丰为祖，此套太极拳法具有非常高的传承价值。首先，在于它的历史久远，具有历史价值。其次，此套拳法，每一招式均分为左右，能较为全面地锻炼练习练者的肢体，具有较高的养生价值。最后，此套拳的每一招式在实战技法上都有四种用法，即拿法、跌法、打法、解脱与反擒拿法，内涵丰富。

在学习时，我们为了更好更清楚地理解这套拳法，在名称上使用了不同的称呼。"势"与"式"，我们作了形式上的区分。"势"在这套拳法里，是小节的意思，一"势"代表一小节，武当太极拳十三势是十三小节动作；"式"是招式的意思，每一小节由若干招式组成。

太极拳有所谓"八法五步"，合起来称为十三势。"掤、捋、挤、按、采、挒、肘、靠"，太极拳"八劲"按八卦进行对应，故又称"八法"；"进、退、顾、盼、定"按五行排列，故又称"五步"。此太极拳"十三势"包含在武当太极拳十三个小节（势）中。

武学寄语： "今日之我胜于昨日之我，明日之我胜于今日之我；千日的学习谓之锻，万日的学习谓之炼。"——宫本武藏（日本战国末期的剑圣）

有了量的积累，才会有质的飞越。不要梦想着每月一次或者每天五分钟，就能获得多么美妙的技艺。每一位大师的出现，都是上天在教授我们平凡人得"道"之途。聪明的人能在每一门技艺中立于不败之地，是因为他们善于效法大师之精髓。

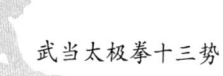

第一势 起势

一、起势简介

起势是武当太极拳十三势的第一势。全势动作由一个招式动作组成，有两种练习方式。最早传承的起势动作是一个升降桩，手落身起，手起身落，关乎内气，气遍周身。后来，随着时代的演变和各人的基础领悟不同，做成了先手起与肩同宽同高，后手身同落的打法，两种练习方式各有依凭。

起势动作虽然简单，但是，内涵丰富，技击性强。可以说，十三势行拳的精气神全由起势领起。

二、拳架图解

（1）双腿自然站立，双脚与肩同宽，双膝微屈，圆裆。双手放松，自然下垂，贴于裤缝。肩沉，领收，命门后凸，目视前方，神情自然。

说明：起势的第一个动作其实是一个无极桩。一般来讲，太极拳既然是以中国传统太极哲学为理论依据，必然符合太极的相关哲理。王宗岳《太极拳论》讲："太极者，无极而生，动静之机，阴阳之母也。"周敦颐《太极图说》讲："无极而太极，太极动而生阳，动极而静。静极复动，一动一静，互为其根；分阴分阳，两仪立焉。"按照此种理论，太极之前有无极，太极之后分阴阳，是以无极为太极之母。

如果说，太极是包含了阴阳、动静、刚柔等具象化的器，那么，无极就是无形无象的道，看似什么都没有，却包罗万象。"无中生有"是道家一派的重要观点，展现在武当太极拳的拳架中，无极桩就是太极的母桩，是一个没有任何形态，全身放松的动作。

但是，这种看似无形无象的动作，却时刻在等待某种机缘，在合适的"机"的作用下产生太极的动作，产生阴阳。所以说，无极桩不是绝对的松，也不是绝对的静。

（2）双手微微内旋，从前向上领起，至与肩同宽同高处止。与此同时，身体重心下落，双膝正对脚尖。八字掌型，做到沉肩坠肘。

说明：全身放松，神意要灵。重心下落时，双膝不可过脚尖，不可过宽，不可过窄。过宽则圆裆过度，过窄则形成夹裆，皆是病。双手到肩处时，不可立掌，不可平掌，两掌心须微微向内。防止气胸。

（3）手落身起。双臂以肘领手，缓缓下沉，至于腹部处止。全身重心微微向上升起。

动作结束时，双腿不可过直。

说明：双臂不可直，双腿不可直，直则僵。双手下落时，宽度不可忽宽忽窄，须与肩、胯同宽下落。

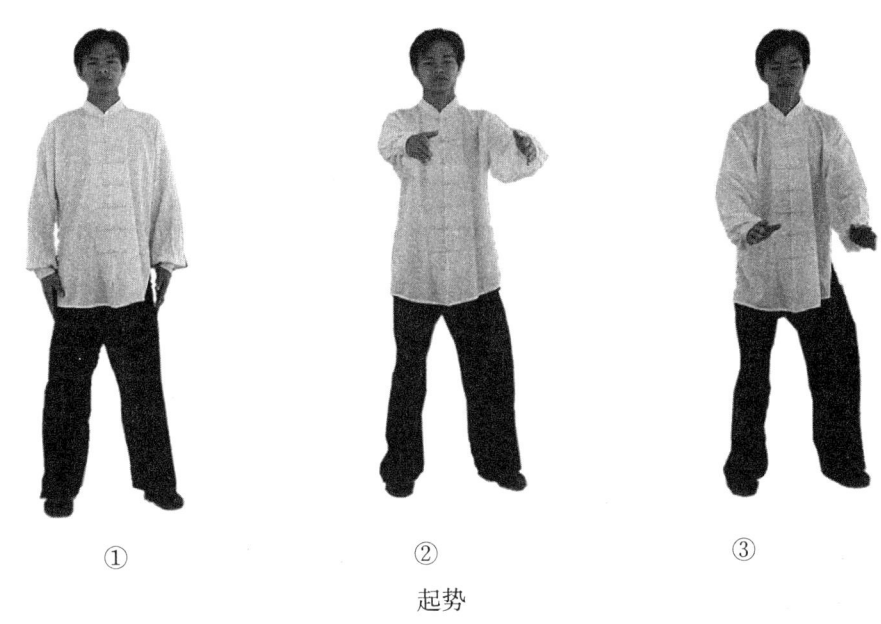

①　　　　　　　　②　　　　　　　　③

起势

第二势　抱球势

一、抱球势简介

抱球势是武当太极十三势的第二势，由五个招式动作组成：左抱球、右抱球、上步左抱球、右揽雀尾、左揽雀尾。

左抱球和右抱球两个动作，如果循环往复地做，就形成了抱球桩的练习方法。抱球势正是因为以抱球桩为核心，方称之为抱球势。

二、抱球势图解

（一）左抱球

右手向左螺旋，掌心朝上；左手向左前上方螺旋，收回与肩同高，掌心朝下；身体重心向左螺旋。定势动作如图左抱球所示。

说明：腋窝撑开，不可夹紧；肘关节不可过屈，角度略大于120度；右腿不可直，左

27

膝不可过脚尖，裆部要圆。动作要舒展大方。

（二）右抱球

左手向右下腹部方向螺旋，掌心朝上；右手向右前上方螺旋，收回与肩同高，掌心朝下；身体重心向右螺旋；目视左前方。定势动作如图右抱球所示。

说明：腋窝撑开，不可夹紧；肘关节不可过屈，角度略大于120度；左腿不可直，右膝不可过脚尖，裆部要圆。动作要舒展大方。

（三）上步左抱球

（1）重心落于右腿，左脚先微抬脚跟，然后脚尖领起，向左前方缓缓迈出后，左脚跟再轻轻着地。

说明：迈脚时不可高于右脚踝的水平高度，落地要轻，如猫走路，所谓"迈步如猫行"，是也。

（2）右手向左螺旋，掌心朝上；左手向左前上方螺旋，收回与肩同高，掌心朝下；身体重心向左螺旋移动，左脚落脚时脚尖微微内扣，右脚缓缓跟于左脚跟部。定势动作如图上步左抱球②所示。

说明：腋窝撑开，不可夹紧；肘关节不可过屈，角度略大于120度；双腿不可直，裆部不可夹。重心向左移动的同时，必须左脚尖内扣，否则，会影响下一个动作的进行。动作要舒展大方，跟脚要轻柔。

左抱球　　　　　右抱球　　　　　①　　　　　②

上步左抱球

（四）右揽雀尾

（1）身体向右平行旋转，面朝右前方。

说明：身体不能有高低起伏，旋转要缓。

（2）右脚自然绷直向右前方 30 度角左右迈出，然后脚跟落地，重心在左腿。

说明：迈脚时不可过踝关节水平高度，落脚时要轻柔，落脚后右腿不可完全绷直，全身重心不可过低，防止伤左膝。

（3）左腿缓缓蹬直成右弓步；右手向前上方掤开，至与肩平，掌心对膻中穴；同时左手经由右手腕部向左、向下、向外抹开，掌心朝下，虎口正对左胯。

说明：全身重心向前移动时，左脚以脚尖为轴，脚跟向后碾动。要做到，上肢动作的完成完全是由左脚碾动所驱使的，所谓"节节贯穿"，正是这一道理。

① ② ③

右揽雀尾

（五）左揽雀尾

（1）重心后倒，右脚尖微微抬起，手位不变。

说明：右腿不要过直，直则过。

（2）左手向右螺旋至于右胯，掌心朝上；右臂螺旋，掌心朝下；身体重心向右脚螺旋移动，右脚落脚时，脚尖微微外摆 45 度角，左脚缓缓跟于右脚跟部。

说明：腋窝撑开，不可夹紧；肘关节不可过屈，角度略大于 120 度；双腿不可直，裆部不可夹。右脚落脚时脚尖须外摆 45 度角左右，角度过大或者过小，都会影响下一个动作的进行。动作要舒展大方，跟脚要轻柔。

（3）左脚自然绷直向左前方30度角左右迈出，然后脚跟落地，重心在右腿。

说明：迈脚时，不可过踝关节水平高度，落脚时要轻柔，落脚后，左腿不可完全绷直，全身重心不可过低，防止伤右膝。

（4）右腿缓缓蹬直成左弓步；左手向前上方掤开，至与肩平，掌心对膻中穴；同时右手经由左手腕部向右、向下、向外抹开，掌心朝下，虎口正对右胯。

说明：全身重心向前移动时，右脚以脚尖为轴，脚跟向后碾动。要做到上肢动作的完成完全是由右脚碾动所驱使的，做到"节节贯穿"，做到"其根在脚，发于腿，主宰于腰，形于手指"。

①　　　　②　　　　③　　　　④

左揽雀尾

第三势　单推势

一、单推势简介

单推势是武当太极十三势的第三势，由五个招式动作组成：过渡动作（一）、左弓步单推（一）、左跟步单推、左弓步单推（二）、过渡动作（二）、右弓步单推（一）、右跟步单推、右弓步单推（二）等。

单推势全部由一手主推，另一只手助推为平圆推动作组成，故名单推势。

二、单推势图解

（一）过渡动作（一）

（1）左手不动，右手向前向上赶近左手，至于左手下，掌心朝前，双手虎口相对。

说明：双手虎口相对，模拟左手托住对方肘关节，右手按住对方腕关节，意向上顶，是十三势"挤"的用法。这一动看似只有右手在动，但须以全意气配合。练习时需注意呼吸、开合等要点。

（2）重心后倒，左脚尖微微抬起，右手往回抹于右胯前。

说明：后倒时，左腿不可直。

（3）右手继续由右腿内侧向上抬至肩平，同时，随着全身转动向左旋转；左手经由右手肘部向左穿出；左脚外摆后落地，脚尖朝正前方，右脚向左扣，脚跟落地，双脚与肩同宽；双腿微屈。

说明：手脚动作须协调统一，右脚向左扣时，不可高于左脚踝水平高度，落地时，须注意两脚的宽度。

（4）右脚尖内扣落实，脚尖朝前，同时，左脚跟抬起，完成时双脚平行朝前；右手继续由右手肘部向左穿出，之后，随着身子继续向左转动时，贴着左手腕部下滑。动作完成时，指尖贴于左手腕。

说明：上下肢动作应同时配合进行，不分先后。动作完成时，应双腿微屈，正面朝前。

　　①　　　　　　　　②　　　　　　　　③　　　　　　　　④

过渡动作（一）

（二）左弓步单推（一）

（1）右手轻搭左手腕部，左手掌心朝上，向右平行摊掌，同时，左脚向左后方出脚，以脚跟着地。

说明：左手向右平行摊掌时不可过右肩，过则上下相扭；左脚向斜后出脚时，跨度不可过大，大则影响接下来动作的进行。落脚时必须脚跟着地，脚尖内扣，与右脚内侧平行。

（2）左手平行画圆经由怀中向前翻掌推出，掌心朝下，右手轻搭左手腕部；同时，先左脚外摆成脚尖朝前，然后，右脚以脚尖为轴，脚跟向后碾动，促使上肢重心向前移动。动作完成时，呈弓步步型。

说明：完成此动作时，须缓慢柔和，不可僵硬；左手画平圆弧时，必须流畅圆融。

① ②

左弓步单推（一）

（三）左跟步单推

（1）重心向右倒，左掌向右平行画圆。左腿由曲到直，右腿由直为曲。

说明：左手向右平行摊掌时，不可过右肩，过则上下相扭；左脚尖内扣，与右脚内侧平行。

（2）左手平行画圆经由怀中向前翻掌推出，掌心朝下，右手轻搭左手腕部；同时，先左脚外摆成脚尖朝前，然后右脚向前跟左脚，落脚时以脚掌落在左脚跟右后方，右脚掌与左脚跟距离约一脚。动作完成时，呈跟步步型。

说明：完成此动作时，须缓慢柔和，不可僵硬；左手画平圆弧时，必须流畅圆融；跟脚时，脚尖不可高于左脚踝的平行高度，落脚时，脚跟微抬即可，不可过高。

① ②

左跟步单推

（四）左弓步单推（二）

（1）右手轻搭左手腕部，左手掌心朝上向右平行摊掌，同时，右脚跟内扣落地，左脚向左后方出脚，以脚跟着地。

说明：右脚跟必须先行内扣落地，否则，出左脚时会拧右脚，拧久则伤腿。其他要点与左弓步单推（一）同。

（2）左手平行画圆经由怀中向前翻掌推出，掌心朝下，右手轻搭左手腕部；同时，先左脚外摆成脚尖朝前，然后，右脚以脚尖为轴，脚跟向后碾动，促使上肢重心向前移动。动作完成时，呈弓步步型。

说明：完成此动作时，须缓慢柔和，不可僵硬，左手画平圆弧时，必须流畅圆融。

① ②

左弓步单推（二）

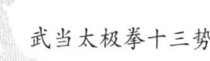

（五）过渡动作（二）

（1）右脚向前跟半步，以脚掌着地，同时，右手掌先向前下，后微微向前上方以掌根按掌，左手保持不动。

说明： 跟半步时，微微向前跟一小步即可，定势时，右膝不可过左腿。右掌按掌时，必须有一个先向下、后向上的弧形轨迹，此所谓"若将物掀起而加以挫之之力，斯其根自断之意也"。

（2）重心后倒，落于右腿，左腿脚尖微微翘起，同时右手向前、向上，再微微向下弧形插掌，左手以指尖自然轻搭右手腕部。

说明： 重心后倒时，左腿不可直，直则僵。重心不可过低，过低，则右腿承重过大，容易伤膝。

①　　　　　　　　　　②

过渡动作（二）

（六）右弓步单推（一）

（1）左脚脚尖内扣45度左右落地，右脚脚尖跷起外摆，同时，身体右转180度，右掌掌心朝自己随身体右转。

说明： 左脚内扣时，动作幅度尽可能大一些，注意左脚即将落地时，右脚就要翘起外摆，切不可左脚完全落地后再起右脚，时机要把握好，否则，会造成伤膝。另外，右转后，右腿不可过直。

（2）上肢几乎不动，仅右脚向左后方撤脚，右脚掌着地。形成右腿直左腿屈的状态。

说明： 此动作注意落脚的位置，如果感觉身体尤其下肢过于拧，产生不适感，就必须及时调整。不适是因为动作不协调，长此以往，不加纠正，则会伤膝。

（3）左脚内扣近45度左右，催动左腿，右脚外摆，右脚尖朝正前方，使步型成弓步。与此同时，右手翻掌，掌心朝下，随身体右转平面画弧向前推出。定势时，右手掌外延朝

①　　　　　②　　　　　③　　　　　附图

右弓步单推（一）

前。左手指尖轻搭右手腕部，对右手进行助推。整个动作，身体旋转了180度。

说明： 此动作注意重心的转换，左右脚的摆扣。摆扣脚时，必须注意，不要扣完了再摆，一定要在即将扣脚落地时，就起动右脚外摆。动作成型时，下肢不适，须及时进行调整。许多初学者对此动作倍感繁难，就是摆扣脚的问题。

（七）右跟步单推

（1）重心向左倒，右掌向左平行画圆。右腿由曲到直，左腿由直为曲。

说明： 右手向左平行摊掌时，不可过左肩，过则上下相扭；右脚尖内扣，与左脚内侧平行。

（2）右手平行画圆经由怀中向前翻掌推出，掌心朝下，左手轻搭右手腕部；同时，先右脚外摆成脚尖朝前，然后左脚向前跟右脚，落脚时，以脚掌落在右脚跟左后方，左脚掌与右脚跟距离约一脚。动作完成时呈跟步步型。

说明： 完成此动作时，须缓慢柔和，不可僵硬；左手画平圆弧时必须流畅圆融，跟脚

①　　　　附图①　　　　②　　　　附图②

右跟步单推

时，脚尖不可高于左脚踝的平行高度，落脚时，脚跟微抬即可，不可过高。

（八）右弓步单推（二）

（1）左手轻搭右手腕部，右手掌心朝上向左平行摊掌，同时，左脚跟内扣落地，右脚向右后方出脚，以脚跟着地。

说明：必须左脚跟先行内扣落地，否则，出右脚时会拧左脚，拧久则伤膝。其他要点与右跟步单推（一）同。

（2）右手平行画圆经由怀中向前翻掌推出，掌心朝下，左手轻搭右手腕部；同时，先右脚外摆成脚尖朝前，然后左脚以脚尖为轴，脚跟向后碾动，促使上肢重心向前移动。动作完成时，呈弓步步型。

说明：完成此动作时，须缓慢柔和，不可僵硬，右手画平圆弧时，必须流畅圆融。

①　　　　　　附图①　　　　　　②　　　　　　附图②

右弓步单推（二）

第四势　探势

一、探势简介

探势是武当太极十三势的第四势，由九个招式动作组成，即左单鞭、右挂弧腿揽雀尾、右白鹤亮翅、右高探马、左挤、左挂弧腿揽雀尾、左白鹤亮翅、左高探马、右挤。

二、探势图解

（一）左单鞭

（1）重心向左移动，右手向下向左立圆画弧至于左胯前，左掌横掌向左平捋，至于左肩前，指尖朝右。

说明：双掌向左移动时，腋部必须撑开，左手高度不可过肩，右手不可低于胯。左手横捋时，掌心朝前下方。

（2）身体重心向右移动，右脚落实，左向右跟步，左脚掌落于右脚跟处，左脚掌与右脚跟距离约一脚；与此同时，双手上下交叉，左手由左胯部高度向右胯前移动，右手由肩部水平高度向右肩横捋，指尖朝左。

说明：腋部撑开，右手高度不可过肩，左手不可低于胯。右手捋时，掌心朝前下方。

（3）左脚向斜后方出脚，脚跟落地，右手向右上方抓勾手，左手向右手腕部赶上，指尖置于右手腕下。

说明：右手抓勾手时，须以指尖先向上、后向下缓缓卷握，拇指轻轻搭住中指末端关节，勾手不可尖。

（4）左脚尖外摆90度落地，右腿以前脚掌为轴向前撮力，成左弓步；同时，左手掌掌心朝自已，指尖朝右，向右移动，经过身体中轴线时，开始掌心向外翻掌，再向前按出。右手勾手不变。

说明：左腋部要撑开，不可夹紧，肘部角度不可小于90度。右手不可直。

①　　　　　附图①　　　　　②　　　　　附图②

③　　　　　附图③　　　　　④　　　　　附图④

左单鞭

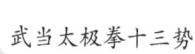

（二）右挂弧腿揽雀尾

（1）右脚上前跟半步，脚跟微抬。左掌翻掌，掌心朝上。右手掌心向下，向前赶左掌。右手位于左手前上方。

说明：双臂不可直，右手向前运动时，须立圆画弧。

（2）倒重心，左脚尖微抬，双手掌心相对下捋。目视前下方。

说明：下捋时，双臂不可直，腋窝要撑开。

（3）左脚外摆90度落实，使成正前方。同时，双掌经由胯部同时下捋，左手经由胯部向左向上画弧，静止时掌心朝下，右手捋至左胯前停止。

说明：腋窝撑开，肘关节亦要撑开，肘关节角度不可小于90度。画弧下捋时，动作要圆滑，不可僵硬。

（4）上肢不动，右脚沿着左脚内侧直向前伸出。

说明：左腿不可过直。

①

②

③

④

⑤

⑥

右挂弧腿揽尾

（5）上肢不动，右脚以脚跟继续向前、向外再向右后方画弧，然后脚跟落地。

说明：画弧时，脚外沿必须绷直。

（6）右脚外摆 90 度落地，左腿缓缓蹬直成右弓步；右手向前上方掤开，至与肩平，掌心对膻中穴；同时左手经由右手腕部向左、向下、向外抹开，掌心朝下，虎口正对左胯。

说明：全身重心向前移动时，左脚以脚尖为轴，脚跟向后碾动。要做到，上肢动作的完成完全是由左脚碾动所驱使的。所谓"节节贯穿"，正是这一道理。

（三）右白鹤亮翅

（1）右手掌心朝下，左掌掌心朝上向腹部赶，双掌在胸前形成正抱球状，掌心相对，腋窝与肘关节必须撑开。同时，左脚向前跟半步，以脚掌落地。

说明：左脚跟步时，膝盖不可过前小腿，跟一小步即可。

（2）重心落于左腿，左右手同时向左上方捌出，右手指尖轻合于左手腕部，身体面朝左前方 45 度左右。

说明：双手向左上方捌出时，高度不可过头。

（3）身体向右移动，面朝正前方，重心微沉；同时，右手向前向右下方弧形抹出，落掌时虎口正对右胯；左手掌心朝外，高与头顶平；活动右脚，以脚尖着地，使成虚步。

说明：右手下抹时，画弧必须要圆滑，不可缩肘。左手外翻时不可太急，动作要缓要慢。

①　　　　　　　②　　　　　　　③

右白鹤亮翅

（四）右高探马

（1）右脚尖跷起，脚跟着地，但是右腿不可直；同时双掌外撑，使双掌掌心朝外。

说明：双掌外撑时，不可挺胸，也不可凸肩，双臂不可直，要使双臂与胸形成一个怀抱的大圆。

（2）右脚尖落地，左脚跟抬起，重心前移；同时，左手向前缠腕，掌心朝上，高与肩平；右手缠腕，掌心朝上，然后，指尖领劲由右侧向腹部画弧，掌外沿贴于腹部。

说明：缠腕要柔和，身体重心移于正中间。

（3）右手翻掌，向前搓出，同时，左手掌与右手掌紧贴相搓收于腹部。左脚尖勾起，脚跟内扣向前蹬击。

说明：上下肢动作须协调统一。双掌相搓时，须掌心贴掌心向前，但是，不可过紧，双掌之间的距离约五厘米。定势时右腿须要直，不可过屈。

①   ②   ③

右高探马

（五）左挤

先右腿弯曲，重心下沉，左脚脚跟向左前方落地；然后左脚尖朝前落地；后腿摧力使成左弓步，左手虎口朝上向前上方掤出，同时右手螺旋向前向下落于左手后下方，虎口朝上。

说明：这个动作，其实是一个向前向上的挤劲动作，故名左挤。形成动作时，双掌虎口必须相对，右手似握住对方腕部，左手似托住对方肘部。

（六）左挂弧腿揽雀尾

（1）前脚尖翘起，重心后倒，双掌掌心相对，掌外沿朝下，向胯部画弧下捋。

说明：后倒时前腿不可直。

（2）左脚内扣45度落地，右脚外摆，脚尖跷起，

左挤

重心落于左腿；双掌经由胯部向右上方旋起，掌心朝外，高与肩平。

说明：双掌经过胯部时，不可紧贴于胯，不可低于胯。双掌向右上方旋起时，必须以双臂螺旋带动，双臂的螺旋又是由胯部的腰胯部的螺旋带动。

（3）右脚尖继续外摆 90 度，左脚跟于右脚，身体随之右转 180 度；同时，右掌翻掌掌，心朝下随身体转动，高与肩平，左手向右下方螺旋插掌，落于右胯前，掌心朝上，形成右抱球动作。

说明：外摆时双腿不可直，右脚即将落实时，左脚即起，不可落实后才起。双掌翻掌时，不可陡然翻掌，翻掌必须有时间长度。

① ② ③

④ ⑤ ⑥

左挂弧腿揽雀尾

（4）上肢不动，左脚沿着右脚内侧直向前伸出。

说明：左腿不可过直。

（5）上肢不动，左脚以脚跟继续向前、向外再向左后方画弧。然后脚跟落地。

说明：画弧时，脚外沿必须绷直。

（6）左脚外摆 90 度落地，右腿缓缓蹬直成左弓步；左手向前上方掤开，至与肩平，掌心对膻中穴；同时右手经由左手腕部向右、向下、向外抹开，掌心朝下，虎口正对右胯。

说明：外摆时双腿不可直，左脚即将落实时右脚即起，不可落实后才起。双掌翻掌时，不可陡然翻掌，翻掌必须有时间长度。

（七）左白鹤亮翅

（1）左手掌心朝下，右掌掌心朝上向腹部赶，双掌在胸前形成正抱球状，掌心相对，腋窝与肘关节必须撑开。同时，右脚向前跟半步，以脚掌落地。

说明：右脚跟步时，膝盖不可过前小腿，跟一小步即可。

（2）重心落于右腿，左右手同时向右上方捌出，左手指尖轻合于右手腕部。身体面朝右前方 45 度左右。

说明：双手向右上方捌出时，高度不可过头。

（3）身体向左移动，面朝正前方，重心微沉；同时，左手向前向左下方弧形抹出，落掌时虎口正对左胯；右手掌心朝外，高与头顶平；活动左脚，以脚尖着地，使成虚步。

说明：左手下抹时，画弧必须要圆滑，不可缩肘。右手外翻时不可太急，要缓要慢。

①   ②   ③

左白鹤亮翅

（八）左高探马

（1）左脚尖跷起，脚跟着地，但左腿不可直；同时，双掌外撑，使双掌掌心朝外。

说明：双掌外撑时，不可挺胸，也不可凸肩，双臂不可直，要使双臂与胸形成一个怀抱的大圆。

（2）左脚尖落地，右脚跟抬起，重心前移；同时，右手向前缠腕，掌心朝上，高与肩平；左手缠腕，掌心朝上，然后指尖领劲由左侧向腹部画弧，掌外沿贴于腹部。

说明：缠腕要柔和，身体重心移于正中间。

（3）左手翻掌，向前搓出，同时，右手掌与左手掌紧贴相搓收于腹部。左脚尖勾起，脚跟内扣向前蹬击。

说明：上下肢动作须协调统一，双掌相搓时，须掌心贴掌心向前，但是，不可过紧，双掌之间的距离约五厘米。定势时右腿须要直，不可过屈。

①　　　　　　　　　　②　　　　　　　　　　③

左高探马

（九）右挤

先左腿弯曲，重心下沉，右脚脚跟向右前方落地；然后右脚尖朝前落地，后腿催力使成右弓步，右手虎口朝上向前上方掤出，同时左手螺旋向前向下落于右手后下方，虎口朝上。

说明：这个动作其实是一个向前向上的挤劲动作，故名右挤。形成动作时，双掌虎口必须相对，左手似握住对方腕部，右手似托住对方肘部。

右挤

第五势　托势

一、托势简介

托势是武当太极十三势的第五势，由两个招式动作组成，即右托势、左托势。

托势由一手托敌方腕部，一手托敌方肘部为重要组成部分，故名托势。

二、托势图解

（一）右托势

（1）双掌旋腕，指尖朝右；同时，左脚外摆，右脚里扣，重心下沉成马步动作。然后双掌向左平捋，重心向左移动成左偏马步。

说明：旋腕时，右手以小指为轴外旋，左手以大拇指为轴内旋，此即陈氏太极拳所言的手部外缠与内缠。

（2）双掌继续向左平捋，左手至于左肩前，右手至于右肩前，指尖朝右；同时，右脚向左跟步，至双脚与肩同宽处以右脚掌着地，脚跟微抬，重心落于中间。

说明：向左平捋时，不可夹肘，也不可抬肘，不可夹肩。

（3）左脚跟外展45度左右，右脚尖抬起向左外摆90度，重心落于右腿；同时，左手继续向左向下画弧至于腹前，掌心朝上。右手向右向上怀抱于胸前，掌心朝下。定势动作时，双掌心相对。

说明：肘腋部位要撑开，不可夹紧，双腿不可直。

（4）左脚尖继续外摆90度落地，右脚跟随之抬起，重心下落，臀部落于右脚跟，成

①　　　　　　　　　　　附图①　　　　　　　　　　　②

附图②　　　　　　　　　　　③　　　　　　　　　　　④
右托势

歇步动作；同时左手从右手里侧起，掌心朝上，至于肩前，右手向下向外按掌，掌心朝下。

　　说明：重心下落时，应该与身体向左旋转同时进行。动作静止时，面朝正前方。

　　（二）左托势

　　（1）双掌旋腕，指尖朝左；同时，右脚外摆，左脚里扣，重心下沉成马步动作。然后，双掌向右平捋，重心向右移动成右偏马步。

　　说明：旋腕时，左手以小指为轴外旋，右手以大拇指为轴内旋，此即陈氏太极拳所言的手部外缠与内缠。

（2）双掌继续向右平捋，右手至于右肩前，左手至于左肩前，指尖朝左；同时，左脚向右跟步，至双脚与肩同宽处，以左脚掌着地，脚跟微抬，重心落于中间。

说明：向右平捋时，不可夹肘，也不可抬肘，不可夹肩。

（3）右脚跟外展45度左右，左脚尖抬起向右外摆90度，重心落于左腿；同时，右手继续向右向下画弧至腹前，掌心朝上。左手向左向上怀抱于胸前，掌心朝下。定势动作时，双掌心相对。

说明：肘、腋部位要撑开，不可夹紧。双腿不可直。

（4）右脚尖继续外摆90度落地，左脚跟随之抬起，重心下落，臀部落于左脚跟，成歇步动作；同时，右手从左手里侧起，掌心朝上，至于肩前，左手向下向外按掌，掌心朝下。

说明：重心下落时，应该与身体向右旋转同时进行。动作静止时，面朝正前方。

①   ②   ③   ④

左托势

第六势　扑势

一、扑势简介

扑势是武当太极拳十三势中的第六势，共包含17个动作，即插掌、右左横捋、左单峰贯耳、左双扑、左分蝶式、右搂膝拗步、右低探马、左高探马、右挤、左右横捋、右单峰贯耳、右双扑、右分蝶式、左搂膝拗步、左低探马、右高探马、左挤。

扑势因为由双扑动作组成，故得名扑势。

二、扑势图解

（一）插掌

（1）身体重心提起，同时，右手贴着左手向左前下方插掌，指尖朝下，左手以掌背贴着右手臂下侧收于腋下。

说明：上肢与下肢动作应协调进行。起身时，双腿不可僵直。右手向前下方插掌时，不可收得过紧，腋窝要撑圆。

（2）左手从腋下翻至右臂上，再贴着右手臂向左前下方砍掌，至左膝前，右手贴着左臂收于左肩前；同时，左腿向左迈步落实成马步。

说明：双肘双腋不可夹紧，马步时，重心落于右侧。

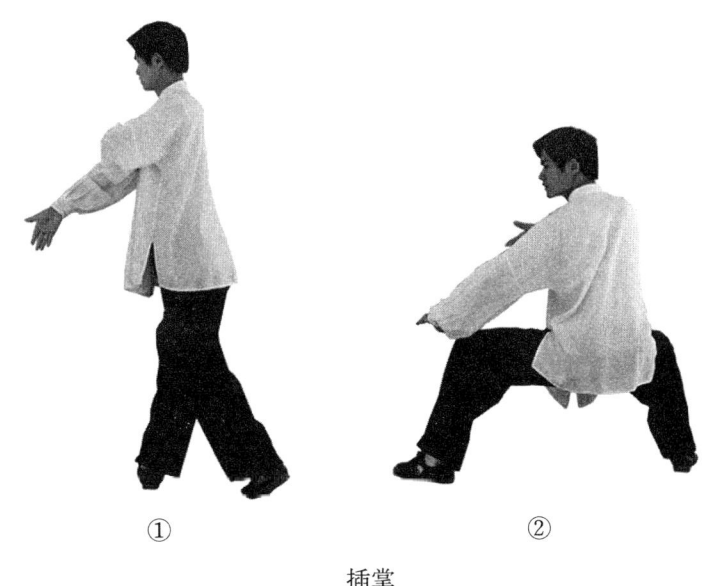

①   ②

插掌

（二）右左横捋

（1）双掌由左侧向右横捋，右手至右膝前，左手至右肩前；同时，重心向左移动。

说明：双掌向右横捋时，高不可过肩，右手掌心朝前下方，左手掌心朝前上方，指尖均朝左。落成定势动作时，右手须旋转手臂使掌心朝下。

（2）双掌由右侧向左横捋，左手至左胯侧，右手至左肩前；同时，跟右脚，右脚掌着地，双脚尖朝正前方，身体重心随之向左移动。

说明：双掌向左横捋时，高不可过肩，左手掌心朝前下方，右手掌心朝前上方，指尖均朝里。落成定势动作时，左手须旋转手臂使掌心朝下，两脚平行朝前，双脚之间须与肩同宽。

①　　　　　　　　　　②

右左横捋

（三）左单峰贯耳

（1）右脚边步画弧从右前方绕出，脚跟着地，右手随着边步向右上作抓对方手腕势，高与肩平。

说明： 右脚边步时，必须画弧线从旁边绕出，不可直出。边步即是从敌方中心旁边绕过，不可直面出击。

（2）右脚外摆落实，左脚向右脚右侧跟步，双脚平行朝前，宽度与肩同；同时，左手握拳向前方水平击打对方耳部，右手配合左手，以指尖相合于左手腕部。身体正面朝前。

说明： 左脚落地时，脚跟微抬，裆部撑圆。拳型为空心拳，不可紧握。

①　　　　　　　　　　②

左单峰贯耳

（四）左双扑

（1）左脚以脚后跟向左后方出脚，同时，双手变掌抱圆，经由腹部向右上方荡起，高与肩平，双臂撑圆。

说明：双掌运行时，双臂如抱球状，手指间距离不可忽宽忽窄。双掌轨迹须立圆画弧，且弧线要流畅圆活。

（2）左脚尖外摆朝前落实，右脚以脚尖为轴，脚跟向后碾动催力，使成左弓步；同时，双掌随身体向左平行按出。定势动作时，双掌与肩同宽同高。

说明：双掌按出时，须先变成掌心朝下的平掌，经过中间线时，慢慢沉腕按掌，至右腿蹬直时，按掌完成。按掌时，须注意双掌高度不可忽高忽低。

①   ②

左双扑

（五）左分蝶式

（1）右脚上前跟半步，右膝不可过左腿；同时，双掌外撑，左掌心朝左，右掌心朝右。同时，收腹凸命门。

说明：外撑时，双臂须撑圆，且不可过高。跟脚时，跟一小半步即可，不可过。

（2）重心倒于右脚，左脚尖微抬，双掌先向外，再向下，后向里向上捧起，高度与肩同高，宽度与肩同宽，掌心朝上。

说明：双掌外撑，再往里上捧时弧度须要圆活。做此动作时，命门须后凸，左腿不可直。

①　　　　　　　　　　②

左分蝶式

（六）右搂膝拗步

（1）左脚尖外摆45度左右落地，右脚跟上，以脚尖微点地，身体随之左转45度；同时，左手由下向左上方立圆画弧起，高与眉角平，掌心斜朝上；右手螺旋由前上方向左、向下画弧，至于左肘部位止，掌心朝下。目视左后方。

说明： 左手向下画弧时，最低不可过胯；右手向上画弧时，最高不可过头。双臂须螺旋滚动，不可夹肘，不可夹肩。

（2）身体右转45度左右，以太极步方式向右前方出脚，脚跟着地；折左肘，使掌心朝下，指尖朝前；右手不动。

说明： 出右脚时，脚不可高于左脚踝的水平高度；折肘时，不可过紧，须撑开。

（3）右脚落地，左脚以脚尖为轴，脚跟向后碾动催力，使成右弓步；同时，左手以指尖领劲，向前出掌，经由左眉角时，左腕缓缓下沉水平向前按掌，至左腿直时，掌心朝前，按掌完成；右手在同一时间由胸腹之间的高度向前、向右胯水平抹掌，至于右胯旁止。

说明： 左手按掌完成，右手平抹完成，形成弓步，上下肢动作须协调统一，同时完成。所谓一动皆动，一静皆静，不可手停了，腿还在动；或者是腿停了，手还在动。

①　　　　　　　　　②　　　　　　　　　③

右搂膝拗步

（七）左低探马

身体重心向前移动，右手掌心朝上由外向腹部内旋，左手掌以腰臂带动内旋，使掌心朝上；然后，重心继续向前移动，左脚脚尖朝外向左前方踩击，落地时，脚尖微微朝外。同时，双掌相搓，右手掌掌心朝下、掌外沿朝前推出，左手掌心朝上收回腹部。

说明：双掌前后相搓时，掌心必须相对，距离约五厘米。左腿不可直，裆部要撑圆，双膝之间的距离不可过宽。

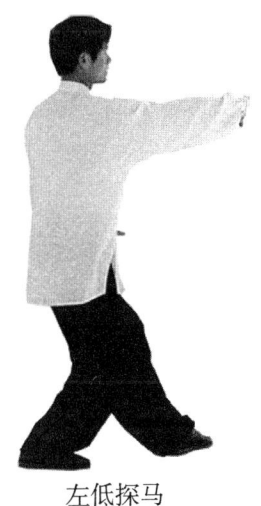

左低探马

（八）左高探马

左手翻掌，向前搓出，同时，右手掌与左手掌紧贴相搓收于腹部。左脚尖勾起，脚跟内扣向前蹬击。

说明：上下肢动作须协调统一。双掌相搓时须掌心贴掌心向前，不可过紧，双掌之间的距离约五厘米。定势时右腿须要直，不可过屈。

（九）右挤

先左腿弯曲，重心下沉，右脚脚跟向右前方落地；然后右脚尖朝前落地，后腿催力使成右弓步，右手虎口朝上向前上方掤出。同时，左手螺旋向前向下落于右手后下方，虎口朝上。

说明：这个动作其实是一个向前向上的挤劲动作，故名右挤。形成动作时，双掌虎口必须相对，左手似握住对方腕部，右手似托住对方肘部。

左高探马　　　　　　　　　　右挤

（十）左右横捋

（1）双掌由右侧向左横捋，左手至左膝前，右手至左肩前；同时，重心向左移动。

说明：双掌向左横捋时，高不可过肩，左手掌心朝前下方，右手掌心朝前上方，指尖朝右。落成定势动作时，左手须旋转手臂使掌心朝下。

（2）双掌由左侧向右横捋，右手至右胯侧，左手至于右肩前；同时，跟左脚，左脚掌着地，双脚尖朝正前方，身体重心随之向右移动。

说明：双掌向右横捋时，高不可过肩，右手掌心朝前下方，左手掌心朝前上方，指尖朝左。落成定势动作时，右手须旋转手臂使掌心朝下，两脚平行朝前，且双脚与肩同宽。

<table>
<tr><td>①</td><td>②</td></tr>
</table>

左右横挒

（十一）右单峰贯耳

（1）左脚边步画弧从左前方绕出，脚跟着地，左手随着边步向左上方抓对方手腕，高与肩平。

说明：左脚边步时，必须画弧线从旁边绕出，不可直出。边步即是从对方中心旁边绕过，不可直面出击。

（2）左脚外摆落实，右脚向左脚跟步，双脚平行朝前，宽度与肩同；同时，右手握拳向前方水平击打对方耳部，左手配合左手，以指尖相合于右手腕部，身体正面朝前。

说明：右脚落地时，脚跟微抬。裆部撑圆。拳型为空心拳，不可紧握。

<table>
<tr><td>①</td><td>②</td></tr>
</table>

右单峰贯耳

（十二）右双扑

（1）右脚以脚后跟向右后方出脚。同时，双手变掌抱圆经由腹部向左上方荡起，高与肩平，双臂撑圆。

说明：双掌运行时，双臂如抱球状，手指间距离不可忽宽忽窄。双掌轨迹须立圆画弧，且弧线要流畅圆活。

（2）右脚尖外摆朝前落实，左脚以脚尖为轴，脚跟向后碾动催力，使成右弓步；同时，双掌随身体向右平行按出。定势动作时，双掌与肩同宽同高。

说明：双掌按出时，须先变成掌心朝下的平掌，经过中间线时，慢慢沉腕按掌，至左腿蹬直时，按掌完成。按掌时，须注意双掌高度不可忽高忽低。

①   ②

右双扑

（十三）右分蝶式

（1）左脚上前跟半步，左膝不可过右腿；同时，双掌外撑，右掌心朝右，左掌心朝左。同时，收腹凸命门。

说明：外撑时，双臂须撑圆，且不可过高。跟脚时，跟一小半步即可，不可过。

（2）重心倒于左脚，右脚尖微抬，双掌先向外，再向下，后向里，向上捧起，高度与肩同高，

①   ②

右分蝶式

宽度与肩同宽，掌心朝上。

说明：双掌外撑，在往里上捧时，弧度须要圆活。做此动作时，注意命门须后凸，右腿不可直。

（十四）左搂膝拗步

（1）右脚尖外摆 45 度左右落地，左脚跟上以脚尖微点地，身体随之右转 45 度；同时右手由下向右上方立圆画弧起，高与眉角平，掌心斜朝上；左手螺旋由前上方向右、向下画弧，至右肘部位止，掌心朝下。目视右后方。

说明：右向下画弧时最低不可过胯，左手向上画弧时，最高不可过头。双臂须螺旋滚动，不可夹肘，不可夹肩。

（2）身体左转 45 度左右，以太极步方式向左前方出脚，脚跟着地；折右肘，使掌心朝下，指尖朝前；左手不动。

说明：出左脚时，脚不可高于右脚踝的水平高度；折肘时，不可过紧，须要撑开。

（3）左脚落地，右脚以脚尖为轴，脚跟向后碾动催力，使成左弓步；同时，右手以指尖领劲，向前出掌，经由右眉角时，右腕缓缓下沉水平向前按掌，至右腿直时，掌心朝前，按掌完成；左手在同一时间由胸腹之间的高度向前、向左胯水平抹掌，至左胯旁止。

说明：右手按掌完成，左手平抹完成，形成弓步，上下肢动作须协调统一，同时完成，所谓一动皆动，一静皆静。不可手停了，腿还在动；或者是腿停了，但手还在动。

①　　　　　　　②　　　　　　　③

左搂膝拗步

（十五）左低探马

身体重心向前移动，左手掌心朝上由外向腹部内旋，右手掌以腰臂带动内旋使掌心朝上。然后重心继续向前移动，右脚脚尖朝外向右前方踩击，落地时脚尖微微朝外；同时，

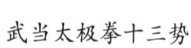

双掌相搓，左手掌掌心朝下、掌外沿朝前推出，右手掌心朝上收回腹部。

说明：双掌前后相搓时，必须掌心相对，距离约五厘米。右腿不可直，裆部要撑圆，双膝之间的距离不可过宽。

（十六）右高探马

右手翻掌，向前搓出，同时左手掌与右手掌紧贴相搓收于腹部。右脚尖勾起，脚跟内扣向前蹬击。

左低探马　　　　　右高探马

说明：上下肢动作须协调统一。双掌相搓时须掌心贴掌心向前，但不可过紧，双掌之间的距离约五厘米。定势时左腿须直，不可过屈。

（十七）左挤

先右腿弯曲，重心下沉，左脚脚跟向左前方落地；然后左脚尖朝前落地，后腿催力使成左弓步，左手虎口朝上向前上方掤出，同时右手螺旋向前向下落于左手后下方，虎口朝上。

说明：这个动作其实是一个向前向上的挤劲动作，故名左挤。形成动作时，双掌虎口必须相对，右手似握住对方腕部，左手似托住对方肘部。

左挤

第七势　担势

一、担势简介

担势是武当太极拳十三势的第七势，共由九个招式动作组成，即右下压捶、左平冲拳、左倒卷肱（一）、右倒卷肱（一）、左倒卷肱（二）、左下压捶、右平冲拳、右倒卷肱（二）、左倒卷肱（三）。

二、担势图解

（一）右下压捶

（1）重心后倒落于右腿，左脚尖跷起，右手先向下再向右上方螺旋滚出，掌心朝上，左手掌先向上、再向下，至与右手平，掌心朝下，双手高与肩平。

说明：右手向下画时，不可低于腹部，右手向上画时，不可高于头。不可抬肘，也不可夹肘夹肩。

（2）左脚外摆90度落地，右脚同时移动内扣于左脚旁，脚跟着地；双手同时随身体左转进行平捋，右手掌心斜朝上，左手掌心斜向下。

说明：双手平捋时，不可抬肘。整个动作身体重心左转将近180度。

（3）右脚继续内扣近45度左右落地，然后左脚向斜后方撤步，以脚掌落地，再重心后倒，脚跟落实；双掌先随身体左转进行左平捋，身体重心后倒时，双掌朝胯部方向下捋，双掌心朝下。

说明：摆扣步角度要适中，肘腋部要撑开，动作要顺随。

（4）撤右脚至左脚旁，左手继续下捋至左胯时握拳，右手朝左胯方向继续下捋，慢慢握拳。

说明：上下肢的动作是同时进行，不可分断。双手向左胯方向时，须进行立圆画弧。

（5）左拳贴于腰间不动，右拳继续向左，再向上，向右下画出；同时，右脚向右前方出脚，脚跟着地。

说明：右拳其实是随着身体立圆抢出，向前砸拳，抢圆时，须以手臂螺旋带动手进行螺旋。

（6）左脚向前迈脚落实，然后，身体重心下沉，右脚跟缓缓抬起，臀部贴于右脚跟。步型呈半跪步。动作成型时，右肘对右膝，右拳与肩平，左拳握于腰间。

说明：半跪步时，裆部要撑圆，双膝外撑，右膝微抬，不可紧贴地面。

① ② ③

④ ⑤ ⑥

右下压捶

（二）左平冲拳

（1）身体先站起，然后右脚向前迈步落实，同时右手以拇指为轴向内旋腕，使拳心朝外。

说明： 旋腕时须以腰部带动周身关节，命门须后凸。

（2）左脚向前迈步，重心落于右腿；同时，左拳从腰间向前螺旋冲出，拳眼朝上，高与肩平，右拳收回右眉角处。

说明： 上下脚动作须协调，左右拳运动须同时进行。

① ②

左平冲拳

(三) 左倒卷肱 (一)

(1) 左脚内扣 45 度, 右脚外摆近 135 度; 同时, 右手向后方变掌摊开, 掌心朝上, 左手变掌, 掌心朝上。身体随脚摆动近 90 度。

说明: 须注意左右脚的摆扣, 左脚尖内扣即将落地时, 摆动右脚, 不可落地后再进行摆脚, 否则伤膝。动作到位后, 重心须落在左腿。

(2) 右脚先收回左脚边再向右后方落脚, 然后, 左脚以脚尖为轴向外微微碾脚; 左臂先屈肘, 使掌心朝下, 然后随身体重心后坐双掌相搓, 左掌向前沉腕按掌, 掌心朝前, 高与肩平, 右掌掌心朝上, 收于腹部。

说明: 双掌相搓时, 须掌心相对, 距离约五厘米, 不可过宽。左手沉腕按掌时, 须与左脚碾脚; 同时, 不可分先后。碾脚后, 裆部要撑圆, 两膝间的距离不可过宽或者过窄, 约一个拳头大小。

① ②

左倒卷肱 (一)

(四) 右倒卷肱 (一)

(1) 右手掌继续向右后上方立弧画起, 高与肩平, 掌心朝外, 目视右手。

说明: 右手向右后上方画起时, 必须缓缓旋肘, 不可急。

(2) 左脚先收回右脚边再向左后方落脚, 然后, 右脚以脚尖为轴, 向外微微碾脚; 双掌先翻掌, 使掌心朝上, 之后右臂屈肘, 使掌心朝下, 接着随身体重心后坐双掌相搓, 右掌向前沉腕按掌, 掌心朝前, 高与肩平, 左掌掌心朝上, 收于腹部。

说明: 双掌相搓时, 掌心须相对, 距离约五厘米, 不可过宽。右手沉腕按掌时, 须与右脚碾脚同时进行, 不可分先后。碾脚后, 裆部要撑圆, 两膝间的距离不可过宽或过窄, 约一个拳头大小。

①   ②

右倒卷肱（一）

（五）左倒卷肱（二）

（1）左手掌继续向左后上方立弧画起，高与肩平，掌心朝外。目视左手，然后再翻掌，掌心朝上，目视右手。

说明：左手向左后上方画起时，必须缓缓旋肘，不可急。

（2）右脚先收回左脚边再向右后方落脚，然后左脚以脚尖为轴向外微微碾脚；左臂先屈肘，使掌心朝下，然后随身体重心后坐双掌相搓，左掌向前沉腕按掌，掌心朝前，高与肩平，右掌掌心朝上，收于腹部。

说明：双掌相搓时，须掌心相对，距离约五厘米，不可过宽。左手沉腕按掌时，须与左脚碾脚同时进行，不可分先后。碾脚后，裆部要撑圆，两膝间的距离不可过宽或过窄，约一个拳头大小。

①   ②

左倒卷肱（二）

（六）左下压捶

（1）身形不动，右手向左手腕部上赶，掌心朝上。

说明：此动作看似不动，但须有呼吸的配合，胸、肩、夹脊的张合相配。

（2）双掌以腕为轴旋掌，使左掌心斜朝上，右掌心斜朝下；同时，重心后倒，左脚尖微抬。

说明：左腿不可直，腋肘不可夹。

（3）左脚内扣45度左右，右脚外摆135度左右，身体随之右转。同时，双掌向右旋转。

说明：左脚尖即将落地时右脚即起，不可拧住了再起，须防止伤膝。

（4）右脚外摆45度左右落地，左脚上前一步以脚跟着地，身体随之右转。

说明：左腿不可直。

（5）左脚继续内扣45度左右着地，右脚即时脚尖抬起。

说明：左脚尖即将落地时右脚即起，不可拧住了再起，须防止伤膝。

（6）左脚继续内扣近45度落地，然后右脚向斜后方撤步，以脚掌落地，再重心后倒，脚跟落实；随身体重心后倒时双掌朝胯部方向下捋，双掌心朝下。

说明：摆扣步角度要适中，肘腋部要撑开，动作要顺随。

（7）撤左脚至右脚旁，右手继续下捋至右胯时握拳，左手朝右胯方向继续下捋，慢慢握拳。

说明：此动作的上下肢动作同时进

①　　　　附图①

②　　　　③

④　　　　⑤

左下压捶

61

行，不可分断。双手向右胯方向时，须进行立圆画弧。

（8）右拳贴于腰间不动，左拳继续向右，再向上，向左下画出；同时，左脚向右前方出脚，脚跟着地。

说明：右拳其实是随着身体立圆抢出，向前砸拳。抢圆时，须以手臂螺旋带动手进行螺旋。

（9）右脚向前迈脚落实，然后，身体重心下沉，左脚跟缓缓抬起，臀部贴于左脚跟。步型呈半跪步。动作成型时，左肘对左膝，左拳与肩平，右拳握于腰间。

说明：半跪步时，裆部要撑圆，双膝外撑，左膝微抬，不可紧贴地面。

⑥　　　　　　⑦　　　　　　⑧　　　　　　⑨

左下压捶续

（七）右平冲拳

（1）先身体站起，然后左脚向前迈步落实。同时，左手以拇指为轴向内旋腕，使拳心朝外。

说明：旋腕时，须以腰部带动周身关节，命门须后凸。

（2）右脚向前迈步，重心落于左腿；同时，右拳从腰间向前螺旋冲出，拳眼朝上，高与肩平，左拳收回左眉角处。

说明：上下脚动作须协调进行，左右拳运动须同时。

①　　　　　　②

右平冲拳

（八）右倒卷肱（二）

（1）右脚内扣 45 度，左脚外摆近 135 度；同时，左手向后方变掌摊开，掌心朝上，右手变掌，掌心朝上。身体随脚摆动近 90 度。

（2）右手掌继续向右后上方立弧画起，高与肩平，掌心朝外。目视右手。

说明：右手向右后上方画起时，必须缓缓旋肘，不可急。

（3）左脚先收回到右脚边再向左后方落脚，然后右脚以脚尖为轴，向外微微碾脚；双掌先翻掌，使掌心朝上，之后右臂屈肘，使掌心朝下，接着随身体重心后坐双掌相搓，右掌向前沉腕按掌，掌心朝前，高与肩平，左掌掌心朝上，收于腹部。

①

右倒卷肱（二）

说明：双掌相搓时，须掌心相对，距离约五厘米，不可过宽。右手沉腕按掌时须与右脚碾脚同时进行，不可分先后。碾脚后，裆部要撑圆，两膝间的距离不可过宽或过窄，约一个拳头大小。

（九）左倒卷肱（三）

（1）左手掌继续向左后上方立弧画起，高与肩平，掌心朝外，目视左手；然后再翻掌，掌心朝上，目视右手。

说明：左手向左后上方画起时，必须缓缓旋肘，不可急。

（2）右脚先收回左脚边再向右后方落脚，然后左脚以脚尖为轴向外微微碾脚；左臂先屈肘，使掌心朝下，然后随身体重心后坐双掌相搓，左掌向前沉腕按掌，掌心朝前，高与肩平，右掌掌心朝上，收于腹部。

②　　　③　　　①　　　②

右倒卷肱（二）续　　　左倒卷肱（三）

说明：双掌相搓时，须掌心相对，距离约五厘米，不可过宽。左手沉腕按掌时，须与左脚碾脚同时进行，不可分先后。碾脚后，裆部要撑圆，两膝间的距离不可过宽或过窄，约一个拳头大小。

第八势　分势

一、分势简介

分势是武当太极十三势的第八势，共由七个招式动作组成，即马步提按（一）、左分式（一）、右分式、左分式（二）、正蹬腿、马步提按（二）、左分式（三）。

二、分势图解

（一）马步提按（一）

（1）右手继续经由右胯向后、向上，再折肘，掌心朝下；左手向下抱球放在身体右侧，掌心朝上，肘腋撑圆；同时，左脚收回右脚旁，脚掌着地。

说明：右侧抱球要圆活，不可生硬。

（2）上脚不动，左脚跟向左侧旁开，脚跟着地。

说明：左脚旁叉开距离与右脚约一肩半。

（3）双掌交叉上下提按，右手向下按至右膝前，左手向上提时，须肘臂撑圆向左靠，定势时，左手提于正前方，掌心朝上。重心左靠成左偏马步。

说明：肘腋撑圆。左靠时，全身须以整体动，不可缩身。偏马步时，须圆裆。

①　　　　②　　　　③　　　　附图③

马步提按（一）

（二）左分式（一）

（1）左脚外摆，右脚以脚尖为轴催力成弓步；同时，左手向右肩部位合住，右臂内旋，向左前方撩出，掌心朝前。

说明：上下脚动作须协调一致，突出腰部的运动。左手合与右手向前撩，要同时完成。

（2）重心后倒，左脚尖跷起，同时，右手以臂为轴，向前向上外旋，掌心朝上，左手继续贴着右臂向下至于腹部，掌心朝下。

说明：后倒时，左腿不可直，若感觉右膝有拧的感觉，则可以脚跟微微向内碾动，防止伤膝。

（3）左手继续向前向上画弧，掌心朝下，同时，右手向右向下画弧，掌心朝上，两掌心相对，成抱球状；与此同时，左脚向前落实，右脚收回左脚边，脚跟微抬。

左分式（一）①

说明：抱球时，动作须圆活连续，不可断，同时，腿不可直，须屈膝蹲下。

（4）右脚自然绷直向右前方 30 度角左右迈出，然后脚跟落地，重心在左腿。

说明：迈脚时不可过踝关节水平高度，落脚时要轻柔，落脚后，右腿不可完全绷直，全身重心不可过低，防止伤左膝。

（5）左腿缓缓蹬直成右弓步；右手向前上方掤开，至与肩平，掌心对膻中穴；同时，左手经由右手腕部向左、向下、向外抹开，掌心朝下，虎口正对左胯。

说明：全身重心向前移动时，左脚以脚尖为轴，脚跟向后碾动。要做到，上肢动作的完成完全是由左脚碾动所驱使的。所谓"节节贯穿"，正是这一道理。

②　　　　③　　　　④　　　　⑤

左分式（一）续

（三）右分式

（1）弓步姿势不变，右手向左肩部位合住，左臂内旋，向右前方撩出，掌心朝前。

说明： 右手合与左手向前撩要同时完成。

（2）重心后倒，右脚尖跷起，同时，左手以臂为轴，向前向上外旋，掌心朝上，右手继续贴着左臂向下至于腹部，掌心朝下。

说明： 后倒时，右腿不可直，若感觉左膝有拧的感觉，则可以脚跟微微向内碾动，防止伤膝。

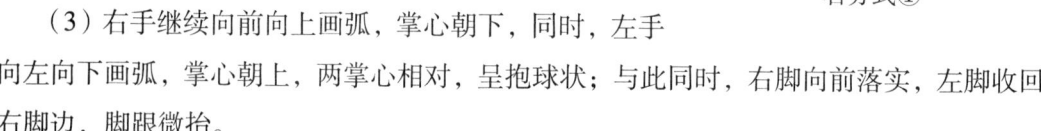

右分式①

（3）右手继续向前向上画弧，掌心朝下，同时，左手向左向下画弧，掌心朝上，两掌心相对，呈抱球状；与此同时，右脚向前落实，左脚收回右脚边，脚跟微抬。

说明： 抱球时，动作须圆活连续，不可断，同时，腿不可直，须屈膝蹲下。

（4）左脚自然绷直向左前方30度角左右迈出，然后，脚跟落地，重心在右腿。

说明： 迈脚时不可过踝关节水平高度，落脚时要轻柔，落脚后左腿不可完全绷直，全身重心不可过低，防止伤右膝。

（5）右腿缓缓蹬直成左弓步；左手向前上方掤开，至与肩平，掌心对膻中穴；同时，右手经由左手腕部向右、向下、向外抹开，掌心朝下，虎口正对右胯。

说明： 全身重心向前移动时，右脚以脚尖为轴，脚跟向后碾动。要做到，上肢动作的完，成完全是由右脚碾动所驱使的。所谓"节节贯穿"，正是这一道理。

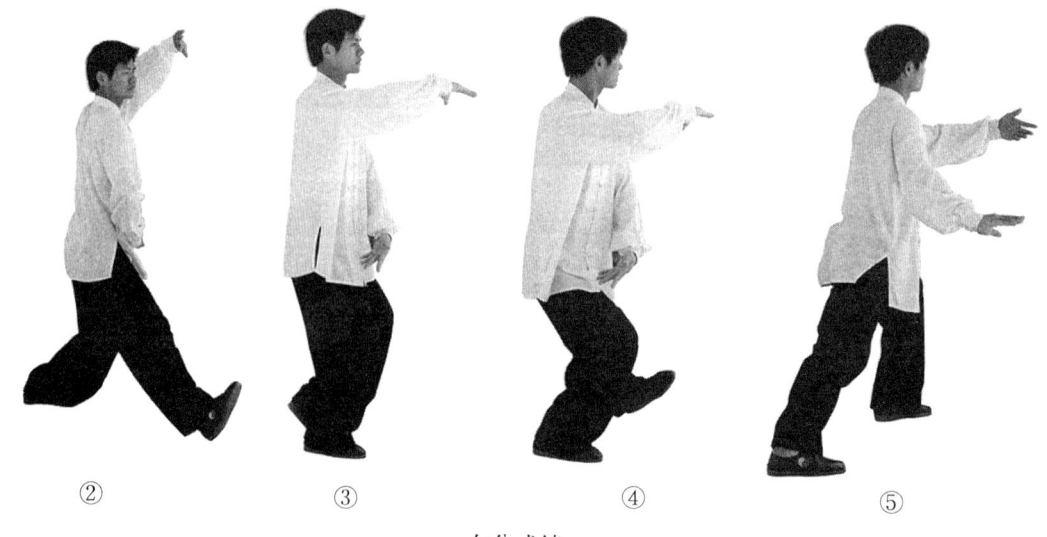

②   ③   ④   ⑤

右分式续

（四）左分式（二）

（1）弓步不变，左手向右肩部位合住，右臂内旋，向左前方撩出，掌心朝前。

说明： 上下脚动作须协调一致，突出腰部的运动。左手合与右手向前撩要同时完成。

（2）重心后倒，左脚尖跷起，同时，右手以臂为轴，向前向上外旋，掌心朝上，左手继续贴着右臂向下至腹部，掌心朝下。

说明： 后倒时，左腿不可直，若感觉右膝有拧的感觉，则可以脚跟微微向内碾动，防止伤膝。

（3）左手继续向前向上画弧，掌心朝

下，同时，右手向右向下画弧，掌心朝上，两掌心相对，呈抱球状；与此同时，左脚向前落实，右脚收回左脚边，脚跟微抬。

说明： 抱球时，动作须圆活连续，不可断，同时，腿不可直，须屈膝蹲下。

（4）右脚自然绷直向右前方 30 度角左右迈出，然后脚跟落地，重心在左腿。

说明： 迈脚时不可过踝关节水平高度，落脚时要轻柔，落脚后，右腿不可完全绷直，全身重心不可过低，防止伤左膝。

（5）左腿缓缓蹬直成右弓步；右手向前上方掤开，至与肩平，掌心对膻中穴；同时，左手经由右手腕部向左、向下、向外抹开，掌心朝下，虎口正对左胯。

①　　　　　②

左分势（二）

③　　　　④　　　　⑤

左分式（二）续

说明：全身重心向前移动时，左脚以脚尖为轴，脚跟向后碾动。要做到，上肢动作的完成，完全是由左脚碾动所驱使的。所谓"节节贯穿"，正是这一道理。

（五）正蹬腿

（1）弓步姿势不变，右手向左肩部位合住，左臂内旋，向右前方撩出，掌心朝前。

说明：右手合与左手向前撩要同时完成。

（2）左臂内旋以掌背朝上缓缓向上抬起；右手缓缓翻掌，以掌背贴着胸腹、大腿内侧滑出，然后以掌背朝上赶左手，使两臂宽度与肩同高同宽。之后，身体重心后倒，右脚尖跷起，双掌平拉回胸前，使双掌心朝前。

①
正蹬腿

说明：注意左右手、上下肢的协调配合。后倒时，右腿不可直。

（3）双掌不动，重心前移，右腿直立，左膝提起，膝高过胯。

说明：重心前移时，必须要缓要慢，提膝时，膝高不可低于胯。

（4）身形不动，左脚勾脚向前蹬出；同时，双掌向前推出。

说明：左腿要直，高度不可低于胯。

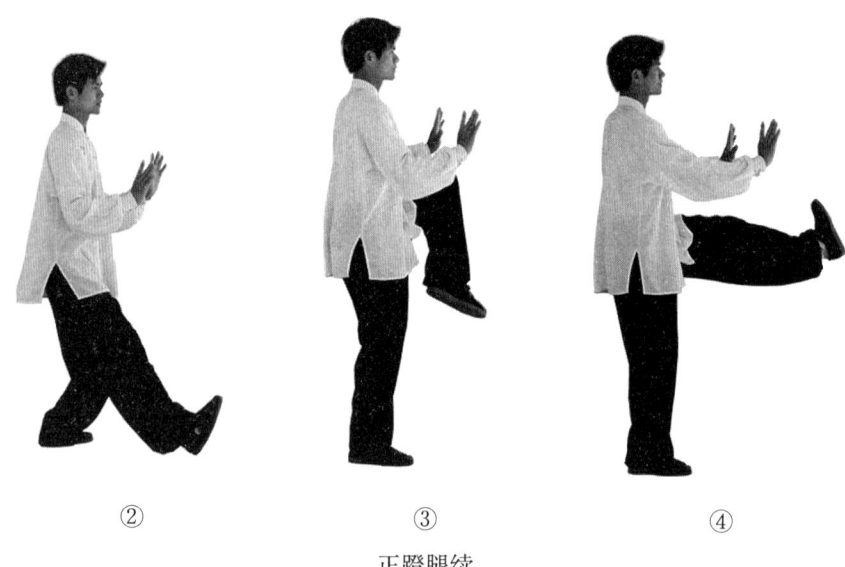

②　　　　　　　　　③　　　　　　　　　④
正蹬腿续

（六）马步提按（二）

（1）右腿屈膝，左脚以脚跟向左前方落脚。

　　说明：落脚要轻柔，须在左前方，不可在直前方落脚。

　　（2）左脚外摆 45 度左右落脚，同时，右脚在左脚的右前方上脚，以脚跟着地。同时，双掌随身体左转，变横掌向左捋，指尖均朝右。

　　说明：上右脚的同时落左脚，不可左脚停住后再落脚，防止伤左膝。右腿不可直。

　　（3）右脚内扣 90 度左右落地，然后左脚收回至右脚旁；同时，左手弧形左捋，经过左肩、左腹，收于右腹前，右手随身体左转时左捋，掌心朝下。定势时，双掌心相对，呈右抱球状。

　　说明：双臂抱球要圆活，不可有棱角。

　　（4）双臂不动，左脚向身体左侧旁开一肩半的宽度，身体重心随之下沉。

　　说明：左脚向左旁开时，必须以左脚跟先着地。

　　（5）身体重心向左移动，使成左偏马步，与此同时，左手从右臂内侧向左提，至左肩

①　　　　　　　　②　　　　　　　　③

④　　　　　　　　⑤　　　　　　　⑤附图

马步提按（二）

前，右手从左手外侧向右下方按下，至右膝前。

说明：重心左移时，须以背、肩、肘、胯等向左靠出。

（七）左分式（三）

（1）左脚外摆，右脚以脚尖为轴，催力成弓步；同时，左手向右肩部位合住，右臂内旋，向左前方撩出，掌心朝前。

说明：上下脚动作须协调一致，突出腰部的运动。左手合与右手向前撩要同时完成。

（2）重心后倒，左脚尖跷起，同时右手以臂为轴向前向上外旋，掌心朝上，左手继续贴着右臂向下至腹部，掌心朝下。

① ②

左分式（三）

说明：后倒时，左腿不可直，若感觉右膝有拧的感觉，则可以脚跟微微向内碾动，防止伤膝。

（3）左手继续向前向上画弧，掌心朝下。同时，右手向右向下画弧，掌心朝上，两掌心相对，呈抱球状；与此同时，左脚向前落实，右脚收回左脚边，脚跟微抬。

说明：抱球时，动作须圆活连续，不可断，同时，腿不可直，须屈膝蹲下。

（4）右脚自然绷直向右前方30度角左右迈出，然后，脚跟落地，重心在左腿。

说明：迈脚时不可过踝关节水平高度，落脚时，要轻柔，落脚后，右腿不可完全绷直，全身重心不可过低，防止伤左膝。

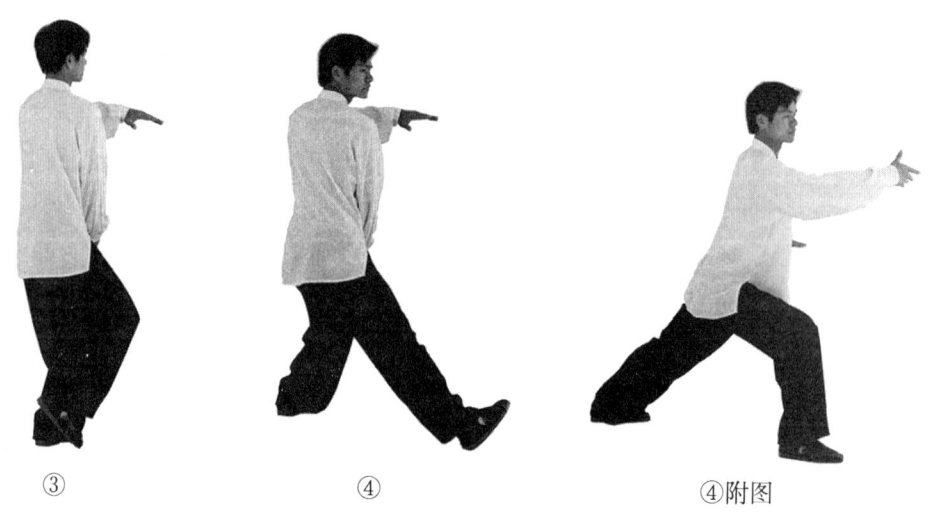

③ ④ ④附图

左分式（三）续

第九势 云势

一、云势简介

云势是武当太极十三势第九势，共包含三个招式动作，即左云式（一）、右云式、左云式（二）。

云势因为由三个单招的云式动作组成，故名云势。

二、云势图解

（一）左云式（一）

（1）重心向右移动，右臂随之内旋，使掌心朝下；左臂旋动，向右腹下部位赶，掌心朝上，与右手掌心相对呈右抱球状。

说明：肩、肘部位不可夹。

（2）左脚向左前方擦脚，以脚跟着地；同时，双手上下交叉，左手从右手内侧向上托起，至与肩同高，右手从左手外侧向下按出，至与右胯同高。

说明：肩、肘部位不可夹。同时，左脚向左前方迈出时，角度要合适，重心不要过低，不要对右腿造成压力，防止伤右膝。

（3）左脚尖外摆落地，右腿催力使成左弓步；重心向左移动的同时，双掌心缓缓朝左云开。停止时，双掌不可过左膝的垂直面。

说明：双掌向左云开时，左掌高度不可过肩，右掌高度不可低于胯，左掌心朝下，右掌心朝左上。

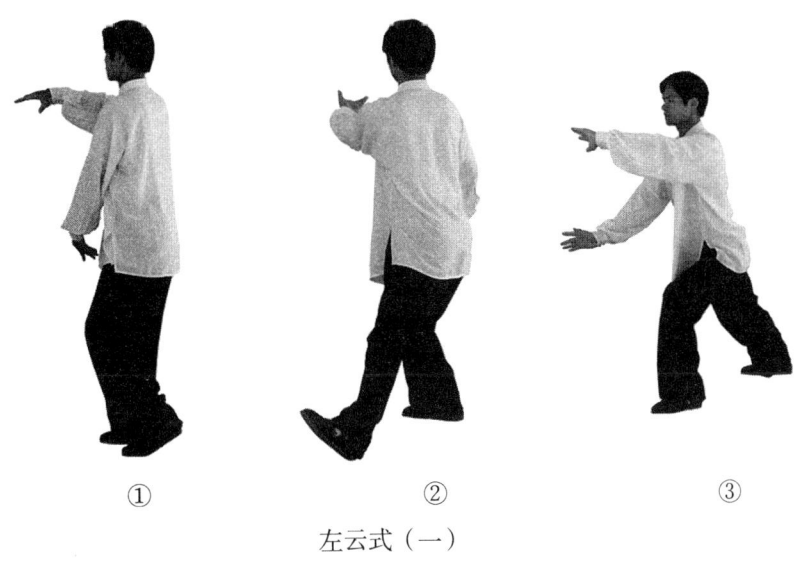

① ② ③

左云式（一）

71

（二）右云式

（1）重心向左移动，左臂随之内旋，使掌心朝下；右臂旋动，向左腹下部位赶，掌心朝上，与左手掌心相对呈左抱球状。

说明：肩、肘部位不可夹。

（2）右脚向右前方擦脚，以脚跟着地；同时，双手上下交叉，右手从左手内侧向上托起，至与肩同高，左手从右手外侧向下按出，与左胯同高。

说明：肩、肘部位不可夹。同时，右脚向右前方迈出时，角度要合适，重心不要过低，不要对左腿造成压力，防止伤左膝。

（3）右脚尖外摆落地，左腿催力使成右弓步；重心向右移动的同时，双掌心缓缓朝右云开。停止时，双掌不可过右膝的垂直面。

说明：双掌向右云开时，右掌高度不可过肩，左掌高度不可低于胯，右掌心朝下，左掌心朝右上。

① ② ③

右云式

（三）左云式（二）

（1）重心向右移动，右臂随之内旋，使掌心朝下；左臂旋动，向右腹下部位赶，掌心朝上，与右手掌心相对呈右抱球状。

说明：肩、肘部位不可夹。

（2）左脚向左前方擦脚，以脚跟着地；同时，双手上下交叉，左手从右手内侧向上托起，至与肩同高，右手从左手外侧向下按出，至与右胯同高。

说明：肩、肘部位不可夹。同时，左脚向左前方迈出时，角度要合适，重心不要过低，不要对右腿造成压力，防止伤右膝。

（3）左脚尖外摆落地，右腿催力使成左弓步；重心向左移动的同时，双掌心缓缓朝左云开。停止时，双掌不可过左膝的垂直面。

说明：双掌向左云开时，左掌高度不可过肩，右掌高度不可低于胯，左掌心朝下，右掌心朝左上。

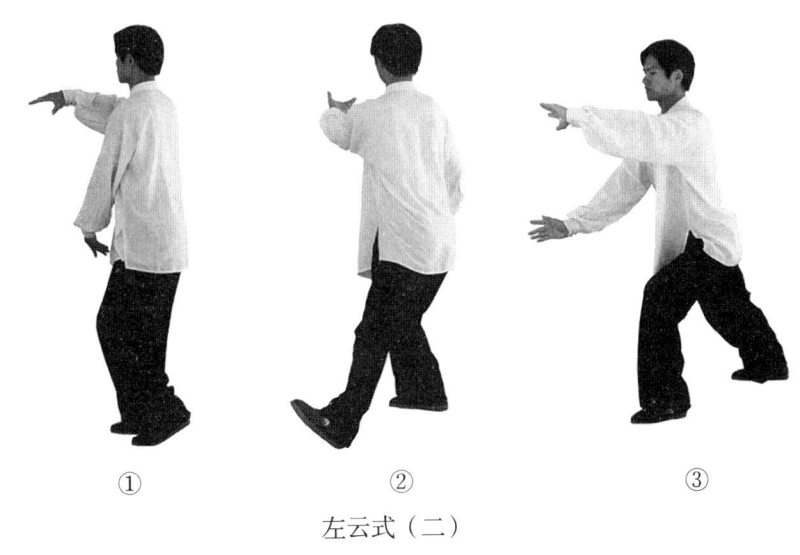

①　　　　　　　　②　　　　　　　　③

左云式（二）

第十势　化势

一、化势简介

化势是武当太极十三势第十势，共包含四个招式动作，即右化式（一）、左化式（一）、右化式（二）、左化式（二）。

化势因为由四个单招的化式动作组成，故名化势。

二、化势图解

（一）右化式（一）

身体重心向前继续移动，右脚跟半步，以脚掌落于左脚右后方；同时，双掌接上一个动作继续向左上方云出。然后，重心后倒落于右腿，右臂内旋下画，以掌心朝下落于腹部；左臂同时外旋，以掌心朝上微微向右化出。

说明：重心后倒时，双手下化。

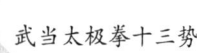

（二）左化式（一）

左脚经由右脚内侧向左后方出脚，先以脚掌着地，随身体重心后移，脚跟缓缓落地，左臂经由右前方45度左右内旋下画，以掌心朝下，至腹前；同时，右手经由右前方45度左右外旋向上、向左化出，以掌心朝上至胸前。

说明：双臂内外旋时，必须同时。

（三）右化式（二）

右脚经由左脚内侧向右后方出脚，先以脚掌着地，随身体重心后移，脚跟缓缓落地，右臂经由左前方45度左右内旋下画，以掌心朝下，至腹前；同时，左手经由左前方45度左右外旋向上、向右化出，以掌心朝上至胸前。

说明：双臂内外旋时，必须同时。

（四）左化式（二）

左脚经由右脚内侧向左后方出脚，先以脚掌着地，随身体重心后移，脚跟缓缓落地，左臂经由右前方45度左右内旋下画，以掌心朝下，至腹前；同时，右手经由右前方45度左右外旋向上、向左化出，以掌心朝上至胸前。

说明：双臂内外旋时，必须同时。

右化式（一）　　左化式（一）　　右化式（二）　　左化式（二）

第十一势　双推势

一、双推势简介

双推势是武当太极十三势第十一势，共包含四个招式动作，即左双推式（一）、左双推式（二）、右双推式（一）、右双推式（二）。

双推势因为由四个单招的双推式动作组成，故名双推势。

二、双推势动作图解

（一）左双推式（一）

（1）右手继续向左化开，同时，左手外侧贴于右手内侧向上穿出，右脚尖跷起。

说明：此动作的协调配合有一定的难度，须注意双手的化、穿。同时，注意右脚尖跷起时，右腿不可直。

（2）重心向前移动，双掌通过吸气经由腹前分开，双掌心微微相对。

说明：此动作须注意不可抬肘。

（3）左脚跟右脚，前脚掌落于左侧一肩宽处，脚跟抬起；同时，双掌以掌心向前推出，高与肩平，宽与肩同宽。

说明：左脚落地时，脚跟微抬即可。裆部要撑圆。双掌向前推出时，肘部不可过直。

①　　　　　　　②　　　　　　　③

左双推式（一）

（二）左双推式（二）

（1）左脚跟内扣落地，同时，右脚向前方迈出，以脚跟落地；双掌随身体左转变横掌向左捋，指尖朝右。

说明：左脚内扣的目的是，为了不让右脚迈脚时，左腿产生拧膝，防止损伤左膝。因此，内扣的幅度以不拧为度。上右脚时，右腿不可过直。

（2）右手继续向左化开，同时，左手外侧贴右手内侧向上穿出，右脚尖跷起。

说明：此动作的协调配合有一定的难度，须注意双手的化、穿。同时，注意右脚尖跷

起时，右腿不可直。

（3）重心向前移动，双掌通过吸气经由腹前分开，双掌心微微相对。

说明：此动作须注意不可抬肘。

（4）左脚跟右脚，前脚掌落于左侧一肩宽处，脚跟抬起；同时，双掌以掌心向前推出，高与肩平，宽与肩同宽。

说明：左脚落地时，脚跟微抬即可。裆部要撑圆。双掌向前推出时，肘部不可过直。

①　　　　　　　②　　　　　　　③　　　　　　　④

左双推式（二）

（三）右双推式（一）

（1）右脚向右后方跷撤脚，左脚尖跷起，同时，双掌随身体右转向右捋。

①　　　　　　　②　　　　　　　③　　　　　　　④

右双推式（一）

说明：撤右脚时，不可高于脚踝，脚掌须先着地，然后脚跟缓缓跟落。左腿不可直。

（2）左手继续向右化开，同时，右手外侧贴于左手内侧向上穿出，左脚尖跷起。

说明：此动作的协调配合有一定的难度，须注意双手的化、穿。同时，注意左脚尖跷起时，左腿不可直。

（3）重心向前移动，双掌通过吸气经由腹前分开，双掌心微微相对。

说明：此动作须注意不可抬肘。

（4）右脚跟左脚，前脚掌落于右侧一肩宽处，脚跟抬起；同时，双掌以掌心向前推出，高与肩平，宽与肩同宽。

说明：右脚落地时，脚跟微抬即可。裆部要撑圆。双掌向前推出时，肘部不可过直。

（四）右双推式（二）

（1）右脚跟内扣落地，同时，左脚向前方迈出，以脚跟落地；双掌随身体右转变横掌向右捋，指尖朝左。

说明：右脚内扣的目的是，为了不让左脚迈脚时右腿产生拧膝，防止损伤右膝。因此，内扣的幅度以不拧为度。上左脚时，左腿不可过直。

（2）左手继续向右化开，同时，右手外侧贴于左手内侧向上穿出，左脚尖跷起。

说明：此动作的协调配合有一定的难度，须注意双手的化、穿。同时，注意左脚尖跷起时，左腿不可直。

（3）重心向前移动，双掌通过吸气经由腹前分开，双掌心微微相对。

说明：此动作须注意不可抬肘。

①　　　　　②　　　　　③　　　　　④

右双推式（二）

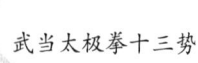

（4）右脚跟左脚，前脚掌落于右侧一肩宽处，脚跟抬起；同时，双掌以掌心向前推出，高与肩平，宽与肩同宽。

说明：右脚落地时，脚跟微抬即可。裆部要撑圆。双掌向前推出时，肘部不可过直。

第十二势　单鞭下势

一、单鞭下势简介

单鞭下势是武当太极十三势第十二势，共包含五个招式动作，即双穿掌下式、左单鞭下式、右单鞭下式。

此势中有两个典型的单鞭下势动作，故名单鞭下势。

二、单鞭下势套路图解

（一）双穿掌下式

（1）左脚跟内扣落地，同时，右脚向前方迈出，以脚跟落地；双掌随身体左转变横掌向左捋，指尖朝右。

说明：左脚内扣的目的是，为了不让右脚迈脚时左腿产生拧膝，防止损伤左膝。因此，内扣的幅度以不拧为度。上右脚时，右腿不可过直。

（2）右手继续向左化开，同时，左手外侧贴右手内侧向上穿出，右脚尖跷起。

说明：此动作的协调配合有一定的难度，须注意双手的化、穿。同时，注意右脚尖跷起时，右腿不可直。

（3）身体继续向左转使正面朝前，右脚尖内扣约90度落实，后左脚开始向右脚后方插步；同时，左臂随身体左转内旋肘，使掌心朝前，右臂外旋肘，贴着左臂、右胯画弧，掌心朝下。

说明：动作须一气呵成，不可断绝。双臂旋肘画弧须要圆活，肘部不可夹紧。

（4）左脚向右腿后部插腿，以脚掌着地；同时，右臂旋臂经由右胯向前画出，指尖朝前，左手随身体继续左捋。

说明：完成动作时，双掌须掌心朝同一方向，指尖均朝右方。

（5）右脚向右以脚跟擦出，右腿伸直，左膝弯曲，但不可过脚尖；同时，双掌随身体左转向左捋，定势时，左手至于左肩前，右手至右肩前。

说明：右脚擦出时，左腿不可过屈，重心不可过低，防止伤膝。

（6）重心下沉成仆步动作，双掌画弧向下切，掌外沿贴于地面。

说明：双掌下切时，双掌之间的距离不可过宽，左手指尖与右手腕部约一拳的距离即可；身体上部不可前俯，亦不可后仰，须做到中正。

双穿掌下式

（二）左单鞭下式

（1）接上动。双掌继续向前穿出，同时，步型由右仆步变成右弓步；然后，左脚继续向前蹬，跟脚至右脚旁，以脚掌着地。右手向前抓出，变勾手，左手同时向左手腕部跟进，掌心朝上。

说明：脚步跟进时，动作必须缓慢，不可着急；定势时，左脚尖应在右脚跟处，与右脚跟约半脚的距离；重心在两腿正中间，不可有偏重一方的嫌疑。

（2）接上动，左脚以脚跟向斜后方擦出，脚尖内扣，目视左手。

说明：出脚时，不可以把脚抬高，应注意动作必须要轻柔；向后擦脚时，幅度不可过大。

（3）接上动，左脚尖向外摆，右脚以脚尖为轴，向后碾动催力，使步型成左弓步；左掌经由胸前随步型转换，向前翻掌推出。

说明：催力要柔缓；眼睛要随左手掌走；翻掌时，要缓，要慢，不可突然翻掌；翻掌时，左手肘部不可过屈，角度应大于 90 度。

① ② ③

左单鞭下式

（4）接上动。右脚外摆，左脚内扣，双脚尖平行朝前，身体右转；同时，左手缓缓向右搭住右手腕部，目视双手。

说明：转动要轻柔；眼随手走。

（5）接上动。重心下沉，使成左仆步；左手掌向下穿出，指尖朝前，掌外尚朝下。

说明：向下穿出时，必须要走弧线；左手掌外沿距离地面约有一指距离。

④ ⑤ ⑥

左单鞭下式续

（6）接上动。左脚外摆，后腿蹬力，使成左弓步；同时，左手向前上方穿出，指尖朝上；右勾手肘部不动，整个手臂向下滚动。

说明：动作须协调统一；向前穿出时，须要注意腰与肩的重要性。

（三）右单鞭下式

（1）接上动。上肢不动，重心向后倒，右腿弯曲，左脚尖跷起。

注：左腿不可直，右膝不可受力过大。

（2）接上动。左脚外摆落实，右脚跟步，落于左脚旁，两脚距离与肩同宽；右手经由腹部随身体向左手下部赶，左手直接翻掌，随身体向左转动，掌心朝下，使成左抱球式。

说明：转动时，动作要轻柔；眼睛必须跟随左手走；左手高度不可过肩，右手高度不可低于胯。

①　　　　　　　②　　　　　　　附图

右单鞭下式

（3）接上动。身形不动，右手向左手赶过去，左手随右手赶向外撑出。

说明：外形虽然不动，命门须随双手向前撑出时，向后突出。

（4）接上动。双掌同时向外翻掌，指尖朝左；目视双手。

说明：双肘不可过屈，要有外撑的饱满感。

（5）接上动。双掌向右平捋，同时，左脚脚跟向斜后方擦出，脚尖内扣。

说明：上下肢动作必须同时完成，眼随手走；左脚向后擦出时，距离不可过大。

（6）接上动。双掌经由胯部向左画出，左手抓勾手，右手位于左手腕下部，掌心朝上；左脚外摆，右脚脚尖内扣并撺力，使成左弓步。

③ 　　　　　　　附图③ 　　　　　　　④ 　　　　　　　⑤

右单鞭下式续一

说明： 双手的运动轨迹从③至⑥实际上是一个圆。

（7）接上动，右脚尖向外摆，左脚以脚尖为轴向后碾动催力，使步型成右弓步；右掌经由胸前随步型转换向前翻掌推出。

说明： 催力要柔缓，眼睛要随左手掌走；翻掌时，要缓，要慢，不可突然翻掌；翻掌时，右手肘部不可过屈，角度应大于 90 度。

（8）接上动。右脚外摆，左脚内扣，双脚尖平行朝前，身体右转；同时，左手缓缓向右搭住右手腕部，目视双手。然后，重心下沉，使成左仆步；左手掌向下穿出，指尖朝前，掌外尚朝下。

⑥ 　　　　　　　　　　　　　　　　附图⑥

右单鞭下式续二

⑦　　　　　　　　　　　　　附图⑦

右单鞭下式续三

说明：向下穿出时，必须要走弧线；左手掌外沿距离地面约有一指距离。

（9）接上动。右脚外摆，后腿蹬力，使成右弓步；同时，右手向前上方穿出，指尖朝上；左勾手肘部不动，整个手臂向下滚动。

说明：动作须协调统一；向前穿出时，须注意腰与肩的重要性。

⑧　　　　　　　　　　　　附图⑧　　　　　　　　　　　⑨

右单鞭下式续四

第十三势　收势

一、收势简介

收势是武当太极十三势的第十三势，共包含两个招式动作，即天地交泰、收式。

二、收势图解

（一）天地交泰

（1）手型不变，重心后倒落于左腿；右脚尖跷起。

说明：后倒时，如果左膝感觉不舒适，可以微微内扣脚跟进行调整。左膝不适，是由于前一动作的左脚没有放在合适的位置。右腿不可打直。

（2）右脚外摆 90 度落地，同时左脚跟步于距离右腿一肩宽处，两脚

①   ②

天地交泰

平行朝前，双腿微屈，裆部撑圆；右手以肘领手，向腹部回抽，掌心朝上，左手以指尖领劲随身体右转向腹部穿出后托住右手。

说明：此动作要求命门部位必须后凸，自然内凹。

（3）双臂向两侧缓缓拉开升起，掌心朝下。

说明：双臂要撑开，动作要舒展，不可缩手缩脚。

（4）双臂外旋，使掌心朝上，然后缓缓向上合于头顶，掌心朝下。

说明：双臂要同时升起，不可有先后，合于头顶时，双手指尖不可相触，须留空隙。重心随双臂升起时上抬。

③   ④   ⑤

天地交泰续

（5）重心下沉，双臂随重心下按，落于腹前，不可夹肘、夹肩。

说明：此动作须注意呼吸，下沉时是呼气，收腹，凸命门。

（二）收式

（1）重心上抬，双掌以小指为轴外旋后轻轻贴于裤缝。

说明：重心上抬时，须注意裆部要撑圆，双腿不可过直。

（2）先抬左脚跟，然后左脚收于右脚侧。

说明：双腿不可过直，以自然站立为宜。

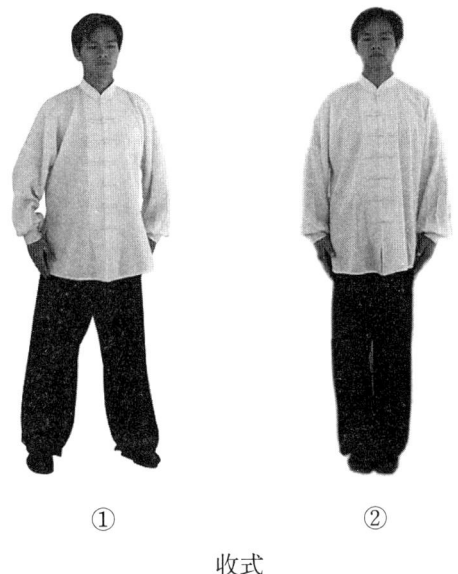

①　　　　　　　②

收式

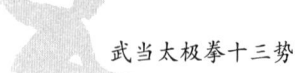

第六章　武当太极拳十三势单招练习方法示例

　　武当太极拳十三势，是流传时间比较长的武当太极拳套路。要想练好太极拳，应当把每一个招式分开来进行单个训练。单招是套路的基础，套路是由每一个单招组成的。没有单招，便没有套路；单招是实战的基础，没有单招的训练，就谈不上实战的训练。王征南先生讲"拳不在多，惟在熟"，这是古圣先贤留给我们的宝贵经验。

　　武当太极拳十三势的单个招式名称：抱球式、揽雀尾、单推式、单鞭、挂弧腿、白鹤亮翅、高探马、低探马、左右挤、托式、单峰贯耳、双扑、搂膝拗步、低探马、下压捶、平冲拳、倒卷肱、分式、蹬腿、云式、化式、双推式、双穿掌下式、单鞭下式等。十三势共 24 个单招，分左右式，此外，还有若干过渡动作。

　　武当太极拳每一单个招式都可以进行左右练习。可以从左式开始，也可以从右式开始。练习者可以根据自身的习惯进行选择。

　　本书由于主讲十三势套路，因此，只摘取其中的五个单招，进行示例讲解。参考这五个示例，练习者可以进行其他招式的练习。如果想了解所有其他招式的单招练法，可以继续关注我们的后续图书《武当太极拳十三势单招、散手及其实战用法》。

　　武学寄语： 现代生活的快节奏影响了大众对技艺习得规律的认识。就如我们必须先读小学，再上中学、大学一样，武艺必须先有基本功、单招的扎实，才能有套路运动的技艺精良。一蹴而就、一飞冲天的盲目，只会把我们拦在专业大门之外。循序渐进、精雕细琢，才是求得技艺之道的无上法则。

第一节 揽雀尾

一、动作说明

揽雀尾一式动作是太极拳十三势中的经典拳式，这一动作主要运用太极拳中的掤劲和采劲。

二、分解教学

（1）右弓步，右手向前上方掤开，与肩平，掌心对膻中穴；左手掌心朝下，虎口正对左胯。

说明：练习单招动作时，从每一招的定势动作开始，揽雀尾可以从右揽雀尾定势开始，也可以从左揽雀尾定势开始，不过，在后面的动作行走中要注意方向。

（2）重心后倒，右脚尖微微抬起，手位不变。

说明：右腿不要过直，直则过。全身保持中正安舒的状态。

① ②

揽雀尾

（3）左手向右螺旋至于右胯，掌心朝上；右臂螺旋，掌心朝下；身体重心向右脚螺旋移动，右脚落脚时，脚尖微微外摆45度角，左脚缓缓跟于右脚根部。

说明：腋窝撑开，不可夹紧；肘关节不可过屈，角度略大于120度；双腿不可直，裆部不可夹。右脚落脚时，脚尖须外摆45度角左右，角度过大或者过小，都会影响下一个动作的进行。动作要舒展大方，跟脚要轻柔。

（4）左脚自然绷直向左前方30度角左右迈出，然后脚跟落地，重心在右腿。

说明：迈脚时，不可过踝关节水平高度，落脚时要轻柔，落脚后，左腿不可完全绷直，全身重心不可过低，防止损伤右膝。

③　　　　　　④

揽雀尾续一

（5）右腿缓缓蹬直成左弓步；左手向前上方掤开，至与肩平，掌心对膻中穴；同时，右手经由左手腕部向右、向下、向外抹开，掌心朝下，虎口正对右胯。

说明：全身重心向前移动时，右脚以脚尖为轴，脚跟向后碾动。要做到，上肢动作的完成完全是由右脚碾动所驱使的。做到"节节贯穿"，做到"其根在脚，发于腿，主宰于腰，形于手指"。

（6）重心后倒，右脚尖微微抬起，手位不变。

说明：右腿不要过直，直则过。全身保持中正安舒的状态。

⑤　　　　　　⑥

揽雀尾续二

（7）右手向左螺旋，掌心朝上；左手向左前上方螺旋，收回与肩同高，掌心朝下；身体重心向左螺旋移动，左脚落脚时脚尖微微内扣，右脚缓缓跟于左脚根部。

说明：腋窝撑开，不可夹紧；肘关节不可过屈，角度略大于120度；双腿不可直，裆部不可夹。重心向左移动的同时，必须左脚尖内扣，否则，会影响下一个动作。动作要舒展大方，跟脚要轻柔。

（8）身体微微右转，然后右脚自然绷直向右前方30度角左右迈出，然后脚跟落地，重心在左腿。

说明：迈脚时不可过踝关节水平高度，落脚时要轻柔，落脚后，右腿不可完全绷直，全身重心不可过低，防止损伤左膝。

（9）左腿缓缓蹬直成右弓步；右手向前上方掤开，至与肩平，掌心对膻中穴；同时，左手经由右手腕部向左、向下、向外抹开，掌心朝下，虎口正对左胯。

说明：全身重心向前移动时，左脚以脚尖为轴，脚跟向后碾动。要做到，上肢动作的完成完全是由左脚碾动所驱使的。所谓"节节贯穿"，正是这一道理。

此动作又恢复至初始状态，从此动作开始，又可以继续重复向前做②到⑨的动作内容。如此循环，可以一直连续不断做下去。

　　⑦　　　　　　　　　⑧　　　　　　　　　⑨

揽雀尾续三

第二节　单推式

一、动作说明

　　单推式是一个在武当太极拳中独具特色的招式。单推式学习时，可以参考双推式的练习方法。练习时，可以将左单推式与右单推式结合起来同时演练，其练习方法与套路相同；也可以单练左单推式，或者单练右单推式。本书中单式训练，以左单推式动作作为示范教学。

二、分解教学

　　（1）左弓步向前，右手轻搭左掌腕部，左掌以掌外沿向前撑开。

　　说明：此动作从左弓步定势开始。

　　（2）重心向右倒，左掌向平行画圆。左腿由曲到直，右腿由直为曲。

　　说明：左手向右平行摊掌时不可过右肩，过则上下相扭；左脚尖内扣，与右脚内侧平行。

①　　　　　　　　　　　　②

左单推式

　　（3）左手平行画圆经由怀中向前翻掌推出，掌心朝下，右手轻搭左手腕部；同时，左脚先外摆成脚尖朝前，然后右脚以脚尖为轴，脚跟向后碾动，促使上肢重心向前移动。动作完成时呈弓步步型。

　　说明：完成此动作时，须缓慢柔和，不可僵硬；左手画平圆弧时，必须流畅圆融。

　　（4）右手轻搭左手腕部，左手掌心朝上向右平行摊掌，同时，左脚向左后方出脚，以脚跟着地。

说明：左手向右平行摊掌时，不可过右肩，过则上下相扭；左脚向斜后出脚时，跨度不可过大，大则影响接下来的动作，落脚时必须脚跟着地，脚尖内扣，与右脚内侧平行。

（5）右手轻搭左手腕部，左手掌心朝下，高与肩平；左脚脚尖朝前，右脚脚尖外摆45度，后腿蹬直，使成左弓步。

说明：此动作又恢复至初始状态，从此动作开始，又可以继续重复②到⑤的动作。如此循环，可以一直连续不断做下去。

③　　　　　　　　　④　　　　　　　　　⑤

左单推式续

第三节　化式

一、动作说明

化势作为单个招式进行练习时，应该称为"化式"，其动作攻防兼备。此动作是一个退步动作，与前面的许多单招动作一样，从左式或者右式开始，都可以。

二、分解教学

（1）重心后落于右腿，右臂以掌心朝下落于腹部；左臂以掌心朝上略直，高与肩平。

说明：这一动作，步幅不宜过大，以舒适为度；腰部命门应后凸，全身呈中正安舒状态。化式的单式练习，我们从左化式定势动作开始。

（2）左脚经由右脚内侧向左后方出脚，先以脚掌着地，随身体重心后移，脚跟缓缓落

①　　　　　　　②　　　　　　　③

化式

地，左臂经由右前方 45 度左右内旋下画，以掌心朝下，至腹前；同时，右手经由右前方 45 度左右外旋向上、向左化出，以掌心朝上至胸前。

　　说明：双臂内外旋时，必须同时进行；左脚向后退步时，必须呈弧线。

　　（3）重心向前继续移动。右脚跟半步，以脚掌落于左脚右后方，同时，双掌接上动继续向左上方云出。

　　然后，重心后倒落于右腿，右臂内旋下画，以掌心朝下落于腹部；左臂同时外旋，以掌心朝上微微向右化出。

　　说明：重心后倒时，双手下化。此动作又恢复至初始状态，从此动作开始，又可以继续重复②到③的动作。如此循环，可以一直连续不断地做下去。

第四节　倒卷肱

一、动作说明

　　倒卷肱动作是太极拳中的经典动作。武当太极拳中有，杨氏太极拳中有，陈氏太极拳中也有。只不过，他们的动作在形态、技击理念等方面略有差异而已。

二、分解教学

　　（1）此式定势动作与化式相同，左脚尖朝前，右脚尖外摆 45 度，双脚都要落实，两膝之间距离大约一个拳头；左掌掌心朝前，高与肩平，右掌掌心朝上，收于腹部。目视前方。

说明：本书中倒卷肱的左式动作，从左倒卷肱起。练习者学习时，也可以从右做起。

（2）右手掌继续向右后上方立弧画起，高与肩平，掌心朝外。目视右手。

说明：右手向右后上方画起时，必须缓缓旋肘，不可急。

（3）左脚先收回右脚边再向左后方落脚，然后，右脚以脚尖为轴，向外微微碾脚；双掌先翻掌，使掌心朝上，之后右臂屈肘，使掌心朝下，接着，随身体重心后坐双掌相搓，右掌向前沉腕按掌，掌心朝前，高与肩平，左掌掌心朝上，收于腹部。

① ②

倒卷肱

说明：双掌相搓时，须掌心相对，距离约五厘米，不可过宽。右手沉腕按掌时，须与右脚碾脚。同时，不可分先后。碾脚后，裆部要撑圆，两膝间的距离不可过宽过窄，约一个拳头大小。

（4）左手掌继续向左后上方立弧画起，高与肩平，掌心朝外，目视左手；然后，再翻掌，掌心朝上，目视右手。

说明：左手向左后上方画起时，必须缓缓旋肘，不可急。

③ ④ ⑤

倒卷肱续

（5）右脚先收回左脚边再向右后方落脚，然后左脚以脚尖为轴向外微微碾脚；左臂先屈肘，使掌心朝下，然后随身体重心后坐双掌相搓，左掌向前沉腕按掌，掌心朝前，高与肩平，右掌掌心朝上，收于腹部。

说明：双掌相搓时，须掌心相对，距离约五厘米，不可过宽。左手沉腕按掌时，须与左脚碾脚同时进行，不可分先后。碾脚后，裆部要撑圆，两膝间的距离不可过宽或过窄，约一个拳头大小。此动作又恢复至初始状态。从此动作开始，可以继续重复②到⑤的动作内容。如此循环，可以连续不断地做下去。

第五节　分式

一、动作说明

分式动作比较杂，它由两个基本动作组成，一个是太极图抱球动作，一个是揽雀尾动作。本节从右分式动作开始进行教学。

二、分解教学

（1）右弓步，右手向前上方掤开，与肩平，掌心对膻中穴；左手掌心朝下，虎口正对左胯。

说明：练习单招动作时，从每一招的定势动作开始，分式可以从右分式定势开始，也可以从左分式定势开始，不过，在后面的动作行走中要注意方向。

（2）弓步姿势不变，右手向左肩部位合住，左臂内旋，向右前方撩出，掌心朝前。

①　　　　　　②

右分式

说明：右手合与左手向前撩要同时完成。

（3）重心后倒，右脚尖翘起，同时左手以臂为轴，向前向上外旋，掌心朝上，右手继续贴着左臂向下至腹部，掌心朝下。

说明：后倒时，右腿不可直，若感觉左膝有拧的感觉，则可以将脚跟微微向内碾动，防止伤膝。

（4）右手继续向前向上画弧，掌心朝下，同时，左手向左向下画弧，掌心朝上，两掌心相对，呈抱球状；与此同时，右脚向前落实，左脚收回右脚边，脚跟微抬。

说明：抱球时，动作须圆活连续，不可断；同时，腿不可直，须屈膝蹲下。

（5）左脚自然绷直向左前方30度角左右迈出，然后脚跟落地，重心在右腿。

说明：迈脚时不可过踝关节水平高度，落脚要轻柔，落脚后左腿不可完全绷直，全身重心不可过低，防止伤右膝。

（6）右腿缓缓蹬直成左弓步；左手向前上方掤开，至与肩平，掌心对膻中穴；同时右手经由左手腕部向右、向下、向外抹开，掌心朝下，虎口正对右胯。

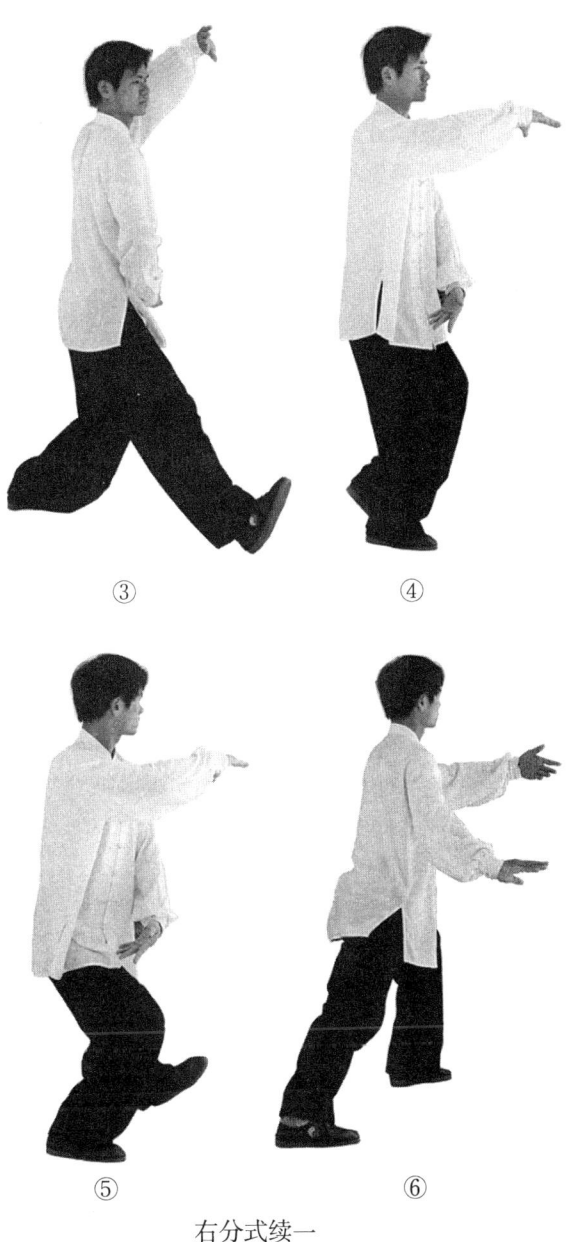

③　　　④

⑤　　　⑥

右分式续一

说明：全身重心向前移动时，右脚以脚尖为轴，脚跟向后碾动。要做到，上肢动作的完成完全是由右脚碾动所驱使的。所谓"节节贯穿"，正是这一道理。

（7）弓步不变，左手向右肩部位合住，右臂内旋，向左前方撩出，掌心朝前。

说明：上下脚动作须协调一致，突出腰部的运动。左手合与右手向前撩要同时完成。

（8）重心后倒，左脚尖跷起，同时，右手以臂为轴，向前向上外旋，掌心朝上，左手继续贴着右臂向下至于腹部，掌心朝下。

说明：后倒时，左腿不可直，若感觉右膝有拧的感觉，则可以将脚跟微微向内碾动，防止伤膝。

（9）左手继续向前向上画弧，掌心朝下，同时，右手向右向下画弧，掌心朝上，两掌心相对，呈抱球状；与此同时，左脚向前落实，右脚收回左脚边，脚跟微抬。

说明：抱球时，动作须圆活连续，不可断；同时，腿不可直，须屈膝蹲下。

（10）右脚自然绷直向右前方30度角左右迈出，然后脚跟落地。重心在左腿。

⑦　　　　　　⑧

右分式续二

说明：迈脚时，不可过踝关节水平高度，落脚时要轻柔，落脚后，右腿不可完全绷直，全身重心不可过低，防止伤左膝。

（11）右弓步，右手向前上方掤开，至与肩平，掌心对膻中穴；左手掌心朝下，虎口正对左胯。

说明：练习单招动作时，从每一招的定势动作开始，分式可以从右分式定势开始，也可以从左分式定势开始，不过，在后面的动作行走中要注意方向。

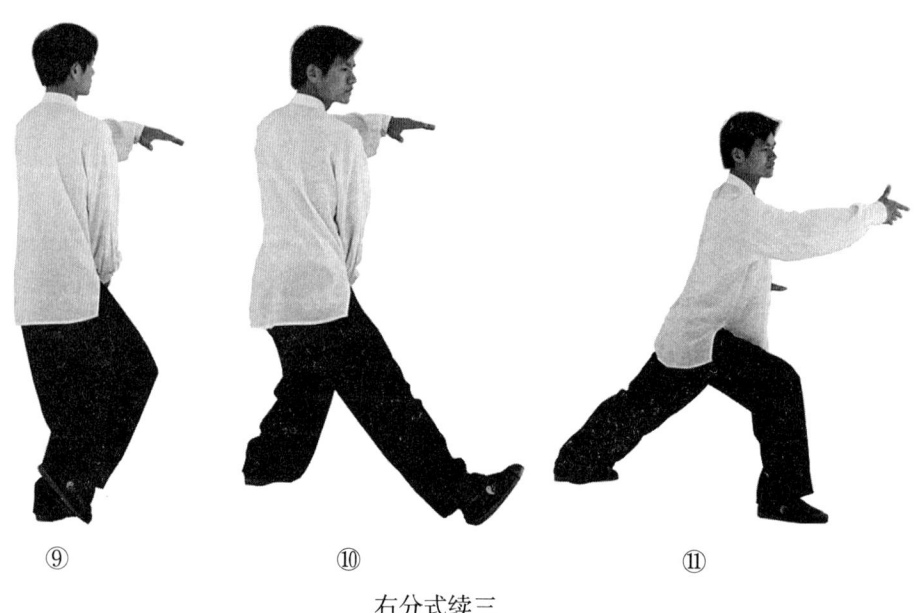

⑨　　　　　　⑩　　　　　　⑪

右分式续三

第七章　武当太极拳十三势实战示例

武当太极拳十三势的本质还是一种搏击术，所以，具有很强的实战效用。

它与其他武技的不同之处在于，它的每一招式都同时具有四种技击用法：

①打法，即击即打敌方为主要目的的技术方法。②拿法，利用抓筋、拿脉、反骨三种方法将敌擒拿的技术。③跌法，通过破坏敌方的重心，将敌方摔跌出的技术方法。④解脱与反擒拿法，当被敌人擒拿住之后，利用技术解脱开来，或者将敌人反拿住的方法。

本书由于篇幅限制，只挑出武当太极拳十三势中的五个动作进行讲解，并且只讲其中的一种技击用法。

练习实战用法，必须注意五点。

①须注意使用整体劲，太极拳讲"其根在脚，发于腿，主宰于腰，形于手指"，整体劲才是一切技术的要点，切忌使用梢节之力。②必须学会在放松的状态下进行格斗训练，不可用蛮力、僵力。③必须要有距离感，实战训练如果没有距离感，再好的技术也无法发挥最佳效果。④必须要注意太极的拳理，"宁为主，不为客""引进落空合即出""粘、黏、连、随""不丢不顶"，等等。⑤必须努力练习，不可有三天打鱼两天晒网的现象。要做到"拳不离手"，要进行两个人的实战对抗训练，才能做到纯熟，否则，只是假把式。

练习实战，基本功也很重要，格斗式、步法、基本拳法、人极散手、功力训练等。

实战招式，其实就是太极散手的实战，如果连基本的格斗式、拳法、步法都不会，基本的力量、反应、速度都没有，那么，实战只会是空想。

本书并非主讲武当太极拳的实战训练及用法，因此，在本书中并没有实战基本功的训练讲解。本书的五个实战示例，仅为说明，武当太极拳是能作为实战招式使用的。

武学寄语：武术没有高低之分，但习武的人有强弱之别。任何一种武技，都需要刻苦而科学的训练，并不断进行残酷的实战对抗。做不到如此，又梦想着有一天能够以一敌十，那只可能是令人陶醉的美好憧憬。

第一节 搂膝拗步实战示范

一、动作说明

搂膝拗步在太极拳是一个经典拳势，武当太极拳的搂膝拗步与杨氏太极拳搂膝拗步，有许多相同之处。

武当太极拳每一招每一式均有四种用法：打法（以击打为主）、拿法（以擒拿为主）、跌法（使对方跌倒的方法）、解脱与反擒拿（别人擒拿住之后，利用技术解脱开或者进行反擒拿）。

本书限于篇幅，我们只选择每一招的一种用法进行讲解。搂膝拗步动作，我们主要讲解其中的擒拿方法。

二、分解教学

（1）首先从格斗式开始。甲、乙双方均以左脚在前的正架格斗式。当乙以后手直拳击打甲时，甲方则迅速闪身避开敌方锋芒。与此同时，甲方进步从侧面以右手接住乙方右手腕部，左手则立肘以小臂向乙方肘部击出，使乙方右手产生痛感。

说明：进步、闪身、右手抓拿、左小臂击出，这四个动作应在同一时间完成，中间不可出现一前一后的动作衔接。

①   附图①

搂膝拗步

（2）紧接上一个动作。甲方左手迅速黏住对方从乙方左腋下穿进，从左肩部穿出。

说明：甲方从左方腋下穿出时，必须紧紧黏住乙方。做此动作时，甲方身体应该尽量靠近对方身体，以自身能用出有饱满感的力量为度。此动作与上一动作的衔接，应该没有间隙，不可出现动作断裂。

②　　　　　　　　　　　附图②

搂膝拗步续一

（3）甲方右手迅速放开乙方左手，然后，从乙方肩部上面抓住自己的左手腕部。

说明：做此动作时，甲方身体应该尽量靠近对方身体，以自身能用出有饱满感的力量为度。此动作与上一动作的衔接应该圆活无间隙，不可出现动作断裂。

③　　　　　　　　　　　附图③

搂膝拗步续二

（4）甲方右脚迅速从自己的左脚部位撤出，同时，右手抓住自己的左手腕部，把乙方的肩部死死压住并向下、向右螺旋下按。

说明：做此动作时，甲方身体应该尽量靠近对方身体，以自身能用出有饱满感的力量为度。此动作与上一动作的衔接应该圆活无间隙，不可出现动作断裂，必须用身体的螺旋力量向下按拉。

（5）继续抓住乙方肩部向下螺旋下按，使之完全被压于地下；之后，甲方继续用力，以肩部和身体的全部力量向前推击乙方的肘部。同时，双手则抓住对方往回拉，使乙方肩部与肘部的受力感完全相反。

说明： 做此动作时，甲方身体应该尽量靠近对方身体，以自身能用出有饱满感的力量为度。此动作与上一动作的衔接应该圆活无间隙，不可出现动作断裂，必须用身体的整体力，而不能用梢节的力。

④　　　　　　　　　　　　⑤

搂膝拗步续三

第二节　分蝶手实战示范

一、动作说明

分蝶手是武当太极拳的一个经典拳势，并且只有在武当太极拳十三势的套路中，才有所展现。

与十三势的其他招式一样，分蝶手也有四种用法：打法（以击打为主）、拿法（以擒拿为主）、跌法（使对方跌倒的方法）、解脱与反擒拿（别人擒拿住之后，利用技术解脱开或者进行反擒拿）。

本节主要讲解分蝶手的反擒拿动作技击。

三、分解教学

（1）当乙方以五指交叉式的拿法与甲方对峙时，乙方用力抖腕压住甲方的手腕。此时，的状态是乙方身型略起，两臂肘部呈直线状，甲方则肘部、腕部均被乙方压制下沉。

① ②

分蝶手

（2）当甲方被乙方抓住的那一刹那，甲方必须迅速反应，双手牵制乙方的力，向外、向下、再向上做运动，用双手贴住乙方的手腕并向上折顶起，此时，乙方的手腕由于被折住，无法活动，因此，出现剧烈疼痛被制伏。

说明：甲方必须在乙方要擒拿手腕时，迅速做出反应，切不可等乙方完全控制住之后才开始反应；甲方双手进行解脱时，必须要向外做圆弧运动，才能分解乙方的力。做此动作，必须要有距离感，力距合适，才能使最小的力发挥最大的效果。

③

分蝶手续

第三节 下压捶实战示范

一、动作说明

下压捶是武当太极拳十三势中的一个经典拳势动作。

与十三势的其他招式一样，下压捶也有四种用法：打法（以击打为主）、拿法（以擒拿为主）、跌法（使对方跌倒的方法）、解脱与反擒拿（别人擒拿住之后，利用技术解脱开或者进行反擒拿）。

本节主要讲解下压捶的擒拿动作。

二、分解教学

（1）首先从格斗式开始：甲、乙双方均以左脚在前的正架格斗式。当乙方以后手直拳击打甲方时，甲方则迅速闪身避开敌方锋芒。与此同时，甲方进步从侧面以右手接住乙方右手腕部。

说明：进步、闪身、右手抓拿，这三个动作应同一时间完成，中间不可出现一前一后的动作衔接。

（2）紧接前一个动作。甲方重心迅速上前，右手屈肘击打乙方肘部，右腿以小腿踢击乙方的膝盖后部。

说明：动作衔接应该一气呵成，不可断绝，还要把握好实战距离。

①

②

下压捶

（3）沿着上一动作的力感继续做动作，甲方右膝顺着乙方下跪之势，用力控制住其膝盖；同时，左手利用螺旋力控制乙方左臂，右手以肘部和小臂，用力控制乙方左肘部和整个身体。

说明：甲方左手控制乙方时，必须使乙方左小臂逆时针内旋，并要紧紧贴住自己的身体；甲方的身体必须要贴近乙方的身体，距离感要合适。

③   附图③

下压捶续

第四节　下式实战示范

一、动作说明

下式是武当太极拳十三势中的一个经典拳势，也是太极拳中的一个经典动作。许多太极拳都有这一个动作。例如，杨氏太极等。

与十三势的其他招式一样，下式也有四种用法：打法（以击打为主）、拿法（以擒拿为主）、跌法（使对方跌倒的方法）、解脱与反擒拿（别人擒拿住之后，利用技术解脱开或者进行反擒拿）。本节主要讲解下式的跌法动作。

①

下式

二、分解教学

（1）首先从格斗式开始：甲、乙双方均以左脚在前的正架格斗式。当乙方以后手直拳击打甲方时，甲方应迅速闪身避开敌方锋芒，与此同时，甲方进步从侧面以左手接住乙方左手腕部。

说明：进步、闪身、右手抓拿，这三个动作应同时当完成，中间不可出现一前一后的动作衔接。

（2）紧接上一个动作，甲方右脚迅速向乙方身后穿出，右手从乙方的裆部穿进，肩部要紧靠对方的腰胯部位。

说明：向前进步时，必须要矮身，避开对方的拳锋，并且做到动作迅速；身体要紧靠对方身体，不可有丝毫的间隙。

（3）接上一个动作，甲方继续顺力而动，身体重心向前顶出，右手向前向外撑出，肩部也要顺势向前顶击乙方。

说明：此动作必须与上一动作做到衔接无间隙；身体各部位的动作技法必须要做到协调统一，利用身体的整体劲。

②

下式续一

（4）接上一个动作。乙方会因为甲方的动作而导致重心不稳，向前跌倒。此时，甲方在乙方跌倒后，应迅速恢复成格斗式。做好随时防御的准备。

说明：在做完动作后恢复格斗式，无论做实战训练，还是在真正的实战格斗中，都是十分重要的。这种反应，是考验个人实战专业程度的一个标准。

③   ④

下式续二

第五节　双扑实战示范

一、动作说明

双扑是武当太极拳十三势中的一个经典拳势，只在十三势中有所出现。

与十三势的其他招式一样，下式也有四种用法：打法（以击打为主）、拿法（以擒拿为主）、跌法（使对方跌倒的方法）、解脱与反擒拿（别人擒拿住之后，利用技术解脱开，或者进行反擒拿）。本节主要讲解双扑的跌法动作。

二、分解教学

（1）首先从格斗式开始：甲、乙双方均以左脚在前的正架格斗式。当乙方以左手前手直拳向甲方击打时，甲方右脚迅速向乙方身后穿出，肩部、肘部要紧靠对方的腰胯部位。

说明：甲方向前进步时，必须要矮身，避开对方的拳锋，并且做到动作迅速；身体要紧靠对方身体，不可有丝毫的间隙。

①　　　　　　　　　　　　　　附图①

双扑

（2）紧接上一动作。甲方身体紧贴乙方身体，向前滚出，同时，双掌随身体的滚动向乙方按出。

说明：甲方向前按出乙方身体时，必须左腿向后蹬劲，所谓"其根在脚，发于腿，主宰于腰，形于手指"。

其次，甲方向前按出时，身体必须要转动，做到"身如车轮"。再次，发劲时，不可有断绝之处。

最后，当把敌方掷放出去后，必须迅速恢复成格斗式，做好备战准备。

②   附图②

③

双扑续

第八章　武当武术文献今读

《宋氏家传太极功源流支派论》

宋远桥

所谓后代学者不失其本①也。自余而上溯②，始得太极之功者，授自唐代于欢子、许宣平③，至余十四代，有断亦有续者④。许先师系江南徽州府歙县人，隐城阳山，即本府城南紫阳山，结茅南阳辟谷⑤。身长七尺六寸，髯长至脐，发长至足，行及奔马⑥。每负薪入市贩卖⑦，独吟曰："负薪朝出卖，沽酒日夕归。借问家何处，穿云入翠微⑧。"李白访之不

---

①本，本源，根源。这句话讲，历代学习太极拳的人，应该要知道它的发展由来。

②溯，《说文解字》中言："逆流而上曰溯洄。"此言追求本源。这句话意思是，从我这里往前追溯太极拳的创始本源。

③于欢了，生平不见于史，可能是唐时的修炼家。许宣平，唐代修炼家，在《唐诗纪事》《续仙传》《历世真仙体道通鉴》《太平广记》等文献中均有记载，据《太平广记》记载："唐睿宗景云中，许宣平隐于歙县南山。结庵以居。不知其服饵，但见不食。"

④余，指宋远桥。这句话是指，太极功从于欢子、许宣平创始，到我宋远桥这一代，总共相传了十四代，但中间有断有续。有断有续，在古代技艺的传承中是比较常见的现象，尤其是道门。综其原因，有几点，一是道门技艺有"言祖不言师"的传统，只知道创始者，以及自己上三代与下三代；二是道门修炼是隐士，不事张扬，故不为世所知。

⑤结茅，与结庐同义，指建筑修炼住所。茅，本义指房顶用茅草、稻草等苫盖，以遮风避雨的部分，这里以部分代整体，指房屋。辟谷，道门的一种修炼方法，指不吃五谷杂粮，以达到洁净其体，纯净灵魂终至修成仙体的方法。《庄子·逍遥游》中有论："不食五谷，吸风饮露。"

⑥行，《说文解字》中言道"人之步趋也"。本句指行走起来像奔跑起来的马一样快。

⑦负，背负。薪，柴火。这里透露出，许宣平平时靠卖柴为生。

⑧翠微，形容山光水色青翠缥缈。这首诗，道出了许宣平平时的生活状态：早上去集市卖柴，傍晚回来的时候买了酒，若有人问他的家在哪里，他的家在白云深处，青山缥缈间。这是典型的道门隐士生活。

遇，题诗望仙桥而归①。所传太极功之拳名三世七，因三十七势而名之②。又名长拳者，所云滔滔无间也③。总名太极拳三十七势，名目书之于后。

四正　四隅　云手　弯弓射雁　挥琵琶　进搬拦　簸箕式　凤凰展翅　雀起尾　单鞭上提手　倒撵猴头　搂膝拗步　肘下捶　转身蹬脚　上步栽捶　斜飞式　双鞭　翻身搬拦玉女穿梭　七星八步　高探马　单摆莲　上跨虎　九宫步　揽雀尾　山通背　海底珍珠　弹指　摆莲转身　指点捶　双摆莲　金鸡独立　泰山生气　野马分鬃　如封似闭　左右分脚挂树踢脚　推碾　二起脚　抱虎推山　十字摆莲④

此通共四十二手。四正，四隅，九宫步，七星八步，双鞭在外，因自己多坐用工夫⑤。其余三十七数，是先师所传也。此势应一势练成，再练一势，万不可心急齐用⑥。三十七势，亦无论何势先何势后，只要一一将势用成，自然三十七势，皆化为相继不断也，故谓之长拳⑦。脚踩五行，怀藏八卦⑧，脚之所在，为中央之土。八门五步，以中央为准。

俞氏太极功，名曰先天拳，亦名长拳，得唐李道子所传⑨。李道子系江南安庆人，至明时尝居武当山南岩宫，不食火食，第啖麦麸⑩，故人称"麸子李"，又称"夫子李"，见人不语他，惟曰"大造化"三字⑪。然既云"夫子李"系唐时人，何以知明时之"夫子李"

①这一句提供了一个信息，李白与许宣平是同时代的人，并且许宣平在当时的隐士中是非常有名的。

②这一句提供的信息是太极功在许宣平时并没有太极之称，而是由于有三十七个招式动作，以此为名。

③这一句说明，太极功又名长拳，因为其演练是连绵不断，像长江大海一样。

④这是三十七势太极功的四十二个动作名称。

⑤言四正、四隅、九宫步、七星八步、双鞭这几个动作要除在外，不是师传的，是宋远桥自己多练的功夫。

⑥这一句说，三十七势太极功应该把每一招式分开进行单招练习，仔细练熟，切忌心急，同时练习。

⑦此言，三十七势太极功每一个动作不分先后，单练熟悉之后，便可以随便串接，以成连绵不绝的练习套路。长拳的名称就是这么来的。

⑧太极拳五行的对应方位是：进步火，退步水，左顾木，右盼金，中定土。八卦对应技法是按后天八卦排列，掤、捋、挤、按对应的是四正方位坎、离、震、兑，采、挒、肘、靠对应的是四隅方位乾、坤、艮、巽。

⑨此言，另一脉太极功之流传，其创始者为唐代的李道子。根据千载寺《十力传碑》记载，李道子是"河内人"，生于隋大业年间。

⑩第，是"但"的意思。《康熙字典》"又但也。《史记·陈丞相世家》陛下第出伪游云梦。《注》第，且也，但也。"啖，吃。这一句是说，李道子隐居武当山，不吃其他熟食，只吃麦麸。麦麸，《本草纲目》中记载："麸皮乃麦皮也，与浮同性，而止汗之功次于浮麦，盖浮麦有肉也。"

⑪指李道子遇到人之后不说别的话。

⑫缘，因为，因由。予，我，指宋远桥。

即是唐之"夫子李"。缘余游江南泾县⑫访俞家，方知俞家先天拳，亦如余之三十七势，太极之别名也。俞家太极功，系唐时李道子所传，俞氏代代相承，每岁必拜李道子之庐①。至宋时尚在也，越代不知李道子所在②。

嗣后予偕俞莲舟游湖广襄阳均州武当山③，见一道人蓬头垢面，呼俞莲舟曰："徒再孙焉往④。"俞莲舟怒曰："汝系何人，无礼如此，我观汝一掌必死！"道人曰："徒再孙且看汝出手。"莲舟怒极，进步连掤带捶，但未近身，道人飞起十余丈，平空落下，迄立无损⑤。莲舟谓道人曰："汝总用过功夫，不然能敌我者鲜矣。"道人曰："汝与俞清慧、俞一诚相识否⑥。"莲舟悚然曰⑦："此皆余上祖之名也。"急跪曰："原来是我之祖师。"李道子曰："我在此数十寒暑，未曾开口，汝今遇我大造化哉！汝来，吾再以功夫授汝。"自此莲舟不但无敌，并得全体大用矣。

莲舟与余常与张松溪、张翠山、殷利亨、莫谷声相往还⑧，后余七人再往武当山拜李祖师未遇⑨。于太和山玉虚宫见玉虚子张三丰。三丰盖张松溪、张翠山师也。三丰洪武初即在此修炼。余七人在山拜求请益者月余而归。松溪、翠山拳名十三势，亦太极功之别名也。李道子所传俞莲舟口诀曰：

　　　　无形无象，全身透空；应物自然，西山悬磬；

　　　　虎吼猿鸣，泉清河静；翻江播海，尽性立命。

---

①岁，年。庐，房舍。

②越，超过，指过了几代。

③嗣后，以后。偕，偕同。

④再，表示承接前一代。徒再孙，指隔代弟子。

⑤迄立无损，指依然站立，无丝毫损伤。

⑥俞清慧、俞一诚，当是俞莲舟之先祖，史书无载。

⑦悚然，指因吃惊而恭敬的样子。

⑧殷利亨，名当取自《周易·乾卦》"元、亨、利、贞"。金庸小说，改名为殷梨亭。莫谷声，金庸小说改为莫声谷。

⑨七句中，"七人"二字不可解，此文中的张松溪、张翠山、殷利亨、莫谷声，加上宋远桥、俞莲舟，只有六人。而金庸武侠中的武当七侠中有一人俞岱岩，是金老根据黄宗羲的《王征南墓志铭》中的"徐岱岩"改名的。此文中并无俞岱岩。

【文解】

本篇拳论原文出自于志钧先生的《太极拳史》，是民国时期袁世凯幕僚宋书铭所传。宋书铭自称是宋远桥第十六代孙。所言无论真假，其中透露出的拳论价值影响，是极为深远的。如最后的三十二字歌诀，其中的内涵信息包含了中国道教哲学、道教内丹修炼法的要义，自问世以来，被称为太极拳界最高深的拳论，外界称之为太极拳《授秘歌》。

宋书铭本人的太极拳技也十分精湛，曾与当世太极名手交锋，未逢败绩。当时，著名的太极拳家，如吴氏太极拳第二代嫡传吴鉴泉、杨氏太极拳第三代嫡传杨少侯、其他太极拳大家许禹生等都向其请教，执弟子礼。宋书铭传太极拳练法也与当时流传的太极拳方法有别。

可惜的是，宋书铭传太极拳，当世并没有专传弟子，只在吴氏太极拳等流派中，隐约看到其内容。现在，无法看当时宋氏太极拳的全貌，这不能不说是太极拳界一大损失。

非常有意思的一个现象是，这篇拳论当时一出，不仅在太极拳界引起轩然大波，在世俗界也反响非常。如武侠小说巨匠金庸先生，就根据此篇信息，形成了金氏武侠世界的武当派、武当七侠。可以说，武当派得享盛名，金庸先生的功劳不可磨灭，与这篇拳论的出现，不可割离。

此篇拳论有几个非常重要的信息。

一是武当派拳术虽然有名，但显然，太极拳之名称是后来才出现的。在创立之初，太极功并不以太极署名，而是名之以三十七，或称长拳，或称先天功，到元明张三丰时，又有称十三势、太极功。武当太极拳在很长一段时间之内，并没有冠以太极拳之名，即有太极拳之实，无太极拳之名。如果这拳论是真实的，那么，这就是历史；如果这篇拳论不是真实的，也可以给太极拳创始的考证提供一条思路。

即在 1852 年王宗岳《太极拳谱》出现之前，也许已经有太极拳的实在内容。由此也可以得出一点信息和推论，太极拳的出现是逐渐形成的过程，先有其形，后有其名。

二是道教思想仍然是太极拳形成的重要指导。太极拳最高境界是要求"空灵"，这一意象是道教修炼者所追求的重要境界。"全身透空"，即是要求空灵。"尽性立命"，就是与道教主张的"性命双修"要求相同。"虎吼猿鸣"，这涉及道教的内丹术修炼。

这篇文章中的《授秘歌》是当世所有太极拳最高的指导思想，其内容理解远比王宗岳的《太极拳谱》要艰难许多。解开《授秘歌》的钥匙，就是道教内丹修炼法。再有就是，宋书铭传太极功的动作名目，共有四十二个，其中包括自己多练的和先师所传的三十七个动作。

《王征南墓志铭》

黄宗羲

少林以拳勇名天下①，然主于搏人②，人亦得以乘之③。

有所谓内家者，以静制动，犯者应手即仆④，故别少林为外家。盖起于宋之张三峰。三峰为武当丹士⑤，徽宗召之，道梗不得进⑥，夜梦玄帝授之拳法⑦，厥明，以单丁杀贼百余⑧。

三峰之术，百年以后，流传于陕西，而王宗为最著。温州陈州同，从王宗受之⑨，以此教其乡人，由是流传于温州。

嘉靖间张松溪为最著。松溪之徒三四人，而四明叶继美近泉为之魁⑩，由是流传于四明。四明得近泉之传者，为吴昆山、周云泉、单思南、陈贞石、孙继槎，皆各有授受。昆山传李天目、徐岱岳。天目传余波仲、吴七郎、陈茂弘。云泉传卢绍岐。贞石传董扶兴、夏枝溪。继槎传柴元明、姚石门、僧耳、僧尾。而思南之传则为王征南。

思南从征关白⑪，归老于家，以其术教授，然精微所在，则亦深自秘惜，掩关而理⑫，学子皆不得见。征南从楼上穴板窥之，得梗概⑬。思南子不肖。思南自伤身后莫之经纪⑭。

---

①拳勇，武技的古称。

②搏，搏击，《说文解字》："搏，索持也。"《说文解字注》："凡搏击者木有不乘其虚怯、扼其要害者。"其义当为以主动攻击为主，即武术中讲究的先发制人。

③乘，乘机，言乘其虚怯之机反击之。

④应，《说文解字》："当也。"仆，仆倒。言刚刚接触到对方的身体就跌倒了。

⑤丹士，基本意思是炼丹的方士，由于炼丹是道教修炼者的常务，故丹士即指道士。

⑥梗，阻塞。

⑦玄帝，即玄武大帝，武当山的主神。这里讲了张三峰拳法的由来。

⑧厥，于是，司马迁《报任安书》："左丘失明，厥有《国语》。"

⑨受，指从别人那里得到，这里指学习。

⑩魁，魁首，第一。

⑪关白，日本的重要官职，相当于中国古代之宰相，这里代指日本。

⑫关，《说文解字》："以木横持门户也。"这里指门闩。全句意为关起门来，自己练习，不让别人看见学习。

⑬梗概，大概，大要。此句言王征南偷学到了单思南拳法的大概内容。

⑭经济，管理照料。此句言，单思南担心自己的身后事无人照料。

征南闻之，以银卮数器奉为美槚之资①。思南感其意，始尽以不传者传之。

征南为人机警，得传之后，绝不露圭角②，非遇甚困则不发。尝夜出侦事③，为守兵所获，反接廊柱④，数十人轰饮守之。征南拾碎磁偷割其缚⑤，探怀中银望空而掷。数十人方争攫⑥，征南遂逸出。数十人追之，皆踣地⑦，匍匐不能起。行数里，迷道田间。守望者又以为贼也，聚众围之。征南所向，众无不受伤者。

岁暮独行⑧，遇营兵七八人，挽之负重⑨。征南苦辞求免。不听。征南至桥上，弃其负⑩。营兵援刀拟之⑪。征南手格，而营兵自掷仆地，铿然刀堕。如是者数人。最后取其刀投之井中。营兵索绠出刀⑫。而征南之去远矣。

凡搏人皆以其穴⑬。死穴、晕穴、哑穴，一切如铜人图法⑭。有恶少辱之者，为征南所击。其人数日不溺⑮，踵门谢过⑯，始得如故。牧童窃学其法，以击伴侣，立死。征南视之曰："此晕穴也，不久当苏⑰。"已而果然。

征南任侠⑱，尝为人报雠⑲，然激于不平而后为之。有与征南久故者，致金以雠其弟。征南毅然绝之，曰："此以禽兽待我也。"

---

①卮（zhī），酒器。槚，《说文解字》"楸也"，做棺材的木料。
②圭（guī）角，本指屋顶脊饰端头的构件，这里代指锋芒、迹象。此句言，王征南得传之后，丝毫不露会武艺的迹象。
③侦事，探查情况。
④接，接连成一体，当指反绑，此句讲反绑在柱子上。
⑤缚，指绑缚的绳索。
⑥攫，抓取。
⑦踣（bó），段玉裁《说文解字注》引《左传正义》云："前覆谓之踣。"此义为跌倒。
⑧岁暮，指岁末。
⑨挽，《说文解字》"引之也。"负，背。本句指强行让他背东西。
⑩负，指背负的东西。
⑪拟，靠近，干宝《搜神记》："客以剑拟王，王头随堕汤中。"
⑫绠（gěng），汲水用的绳子。
⑬此言，王征南的武技主要击打人体穴道为特点。
⑭铜人图法，指古代铜浇注的人体模型，上面刻画有人体经络穴道之图，是古代中医学习的至宝。
⑮溺（niào），意为"尿"。
⑯踵（zhǒng），《说文解字》："踵，追也"，此言走到王征南家里。谢，道歉。
⑰苏，苏醒。
⑱任侠，指凭借自己的力量，扶持弱小。
⑲雠（chóu），同"仇"。

　　征南名来咸，姓王氏，征南其字也。自奉化来鄞①。祖宗周，父宰元，母陈氏。世居城东之车桥，至征南而徙同岙②。少时隶卢海道若腾③，海道较艺给粮，征南尝兼数人④。直指行部⑤，征南七矢破的⑥，补临山把总⑦。钱忠介公建阃⑧，以中军统营事，屡立战功，授都督佥事、副总兵官。事败。犹与华兵部勾致岛人⑨，药书往复⑩。兵部受祸，仇首未悬⑪，征南终身菜食⑫，以明此志，识者哀之。

　　征南罢事家居⑬，慕其才艺者，以为贫必易致⑭，营将皆通殷勤，而征南漠然不顾，锄地担粪，若不知己之所长有易于求食者在也⑮。一日，过其故人⑯，故人与营将同居，方延松江教师讲习武艺⑰。教师倨坐弹三弦⑱，视征南麻巾缊袍若无有⑲。故人为言征南善拳法，教师斜眄之曰⑳："若亦能此乎？"征南谢不敏。教师轩衣张眉曰㉑："亦可小试之乎？"征南固谢不敏㉒。教师以其畏己也，强之愈力，征南不得已而应。教师被跌。请复之。再跌

①鄞（Yín），今属浙江省宁波市。
②同岙（ào），今浙江省宁波市有同岙村。据载，著名《三字经》作者王应麟就居住在这里。
③卢若腾，字海运，明末清初人，尝任浙江布政使左参议，分司宁绍巡海道，在宁波有"卢菩萨"之称。
④兼，《说文解字》："并也。"此言王征南获得粮食总量是数人之多。
⑤直指，官名，朝廷直接派往地方处理问题的官员。行部，指巡视所属部域，考核政绩。
⑥的，箭靶。
⑦把总，明清时的基层官员，下辖约四五百人，次于千总（守备）。
⑧钱忠介公，即钱肃乐，字希声，忠介是他的谥号，是著名的抗清将领。阃（kǔn），指郭门，城门。建阃，是指建立军队，占据一方。根据史料记载，1645年，即清军入关一年后，钱肃乐起事抗清。
⑨华兵部，当指华夏，华夏是当时首义的"六狂生"之一，鲁王监国后，授兵部司务，时人称之为华兵部。
⑩药书，以药水作为材料写信，防止内容泄露。
⑪悬，悬挂，这里指仇人的头还没有被砍下来，意思是王征南尚未给华兵部成功报仇。
⑫菜食，指吃素。
⑬罢事，指不做官，隐居不问世事。
⑭致，招致，此指招致过来。
⑮此句言，王征南就好像不知道自己有很容易就能得到生活物资的技艺在身上一样。
⑯过，到。
⑰延，延请。教师，此指教授武术的老师。
⑱倨，傲慢的意思，《说文解字》"倨，不逊也。"
⑲麻巾缊袍，用麻编的衣巾，用以乱麻、乱棉等做成的袍子，此指王征南穿戴的是贫者之衣。
⑳眄（miàn，又读miǎn），斜着眼看，《说文解字》："目偏合也。"
㉑轩，高扬、飞扬的意思，如王粲《赠蔡子笃》："归雁载轩。"木华《海赋》："翔雾连轩。"
㉒谢，推辞。敏，敏悟、机敏。此指王征南坚持推辞说自己并不擅长。

而流血破面。教师乃下拜，赘以二缣①。

征南未尝读书，然与士大夫谈论，则蕴藉可喜②，了不见其为粗人也③。余弟晦木尝揭之见钱牧翁④。牧翁亦甚奇之。当其贫困无聊不以为苦，而以得见牧翁，得交余兄弟，沾沾自喜。其好事如此。

予尝与之入天童⑤，僧山焰有膂力⑥，四五人不能掣其手⑦，稍近征南，则蹶然负痛⑧。征南曰："今人以内家无可眩曜。于是以外家搀入之，此学行当衰矣。"因许叙其源流。忽忽九载，征南以哭子死。高辰四状其行求予志之⑨。余遂叙之于此。岂诺时意之所及乎？生于某年丁巳三月五日。卒于某年己酉二月九日，年五十三，娶孙氏，子二人：梦得，前一月殇；次祖德。以某月某日葬于同岙之阳。

铭曰：有技如斯，而不一施⑩。终不鬻技，其志可悲。水浅山老⑪，孤坟孰保。视此铭章，庶几有考。

---

①赘（zhì），赠送。缣（jiān），双丝做的细帛。
②蕴藉，指温婉含蓄，有君子气质。
③了，副词，完全、全然的意思。
④晦木，黄宗羲之弟，名黄宗炎。钱牧翁，即钱谦益，字牧斋，虞山诗派代表人物，清初著名诗人，学者。
⑤天童，即天童寺，始建于西晋，位于浙江宁波太白山。
⑥膂（lǚ），即脊梁骨。膂力，指体力。
⑦掣，控制。
⑧蹶，急遽的样子。蹶然，像是因受惊而急起的样子。
⑨高辰四，于史无载，当是黄宗羲与王征南之友人。
⑩指王征南有如此高超的技艺，却不轻易在人前施展。
⑪此句当言时间。是讲随着时间的流逝，他的生平之事还能有迹可寻吗？

【文解】

本文选自黄宗羲《南雷文案》。

黄宗羲是清初三大思想家之一，与顾炎武、王夫之齐名。他以简练的笔触叙述了作为内家拳大师王征南的一生。

王征南是中国武术史上非常著名的武术家。在黄宗羲的笔下，王征南不仅技艺十分高超，而且含蓄内敛，纯纯然有君子之风。

此文在中国武术史上占有十分重要的地位。

一、此文的出现，使武术界展开了长达几百年的内家拳与外家拳之争。在这之前，武术就是技击术，并没有所谓的外家、内家之分。这种争论从此文开始一直延续至今，还未停歇。

二、此文还让张三丰这一传奇人物，在武术界掀起了轩然大波。关于张三丰是否是内家拳创始人，张三丰与张三峰是否是同一人，太极拳是否是张三丰所创，武当武术是不是张三丰开创，等等。这一系列争议都根源于此。

三、此文定义了内家拳与外家拳的特点。之后，武术界出现了一个现象就是，凡是符合这篇文章中内家拳特点的拳种，都往内家拳或者张三丰身上靠拢，不管是不是真的内家拳传承。

四、此文叙术了内家拳传授的源流情况。虽然内家武术有言祖不言师的古训，但是，通过这篇文献，后人可以了解内家拳将近七代的传承情况。

《内家拳法》（节选）

黄百家

自外家至少林①，其术精矣！张三峰既精于少林，复从翻之②，是名内家。得其一二者，已足胜少林。王征南先生从学于单思南，而得其全。

余少不习科举业，喜事甚③，闻先生名，裹粮至宝幢学焉④。先生亦自绝怜其技⑤，授受甚难。其人亦乐得余而传之⑥。有五不传：心险者，好斗者，狂酒者，轻露者，骨柔质钝者。居室欹窄⑦，习余于其旁之铁佛寺⑧。

其拳法有应敌打法名色若干⑨：长拳滚斫、分心十字、摆肘逼门、迎风铁扇、弃物投先、推肘扑阴、弯心杵肋、舜子投井、剪腕点节、红霞贯日、乌云掩月、猿猴献果、缩肘裹靠、仙人照掌、弯弓大步、兑换抱月、左右扬鞭、铁门闩、柳穿鱼、满肚疼、连枝箭、一提金、双架笔、金刚跌，双推窗、顺牵羊、乱抽麻、燕抬腮、虎抱头、回把腰等⑩。穴法若干：死穴、哑穴、晕穴、咳穴、膀胱、虾蟆、猿跳、曲池、锁喉、解颐、合谷、内关、三里等穴⑪。所禁犯病法若干：懒散迟缓、歪斜寒肩、老步腆胸、直立软腿、脱肘戳拳、扭臀曲腰、开门捉影、双手齐出⑫。而其要则在练，练既成熟，不必顾盼拟合⑬，信手

---

①外家，指外家拳。外家拳与内家拳的区分，首见于黄宗羲《王征南墓志铭》。

②翻，反转，颠倒。此句言张三峰的内家拳理念与少林拳截然相反。

③此言，黄百家从小不习正统的科举正业，而喜欢学习很多与科举无关之事。

④宝幢（chuáng），又称之为法幢，是庄严佛菩萨之旗帜，常用诸宝装饰，大日经疏卷五载："幢上置如意珠，故称宝幢。"这里用宝幢形容王征南先生的住所，充分说明了黄百家对王征南技艺的渴求。

⑤怜，珍惜，爱惜。

⑥余，黄百家自指。

⑦欹（qī），不正之意。

⑧习，原意为多次反复练习，引伸为训练之意。本句言在居住旁边的铁佛寺给我传授训练技艺。

⑨名色，招式名目、名称之意。

⑩以上为王征南传授黄百家的实战应敌招式名称。

⑪以上为王征南传授黄百家武艺的打穴法名称。

⑫以上为王征南告诫黄百家学习武艺应该要避免的一些问题。

⑬拟，比拟；合，符合。本句意指，不必要去先看清对方的招式，自己再做出对应的招式。

而应①，纵横前后，悉逢肯綮②。其练法有③：

练手者三十五：

斫、削、科、磕、靠、掠、逼、抹、芟、敲、摇、摆、撒、镰、罱、兜、搭、剪、分、挑、绾、冲、钩、勒、跃、兑、换、括、起、倒、压、发、插、删、钓。

练步者十八：瓦步、后瓦步、碾步、冲步、撒步、曲步、踏步、敛步、坐马步、钓马步、连枝步、仙人步、翻身步、追步、逼步、斜步、绞花步。

而总摄于六路与十段锦之中，各有歌诀：其六路曰：

佑神通臂最为高，斗门深锁转英豪。

仙人立起朝天势，撒出抱月不相饶。

扬鞭左右人难及，煞锤冲掠两翅摇。

其十段锦曰：

立起坐山虎势，回身急步三追。

架起双刀敛步，滚斫进退三回。

分身十字急三追，架刀斫归营寨。

扭拳拈步势如初，滚斫退归原步。

入步韬随前进，滚斫归初飞步。

金鸡独立紧攀弓，坐马四平两顾。

顾其词皆隐略难记，于因各为诠释之，以备遗忘。

……

六路与十段锦多相同处，大约六路练骨，使之能紧，十段锦紧后又使之放开④。先生见之笑曰："余以终身之习，往往犹费追忆，子一何简捷若是乎？虽然，子艺自此不精矣。"

---

①信，随便，任意。如白居易《琵琶行》："低眉信手续续弹，说尽心中无限事。"

②《康熙字典》注"肯"：《字林》著骨肉也。《庄子·养生主》技经肯綮之未尝。《注》著骨肉也。肯，著也。"肯，指骨头附着的肉。綮（qìng），指筋骨结合的地方。肯綮，结合起来喻指事物的关键处。

③此处指练习的具体方法。以下从练手、练步分开说起。

④此句言练习六路与十段锦的必得感受。

⑤此句言盘斫（zhuó）的技法是王征南自认为高出其他技法的技术，并以身负此技而自喜。斫，是武艺练习者的一门武艺方法。关于"斫"，将在后续书籍《中国古典武艺文献研读丛书》中有专门探究。

先生之所注意，独喜身负迥绝乎凡技之上者，则有盘斫⑤。（拳家惟斫最重。斫有四种：滚斫、柳叶斫、十字斫、雷公斫。而先生另有盘斫，则能以斫破斫。）此则先生熟久智生，划焉心开而独创者①。

方余之习拳于铁佛寺也，琉璃惨澹②，土木狰狞。余与先生演肄之余，浊酒数杯，团围绕步，修候山月之方升，听溪流之鸣咽。先生谈古道今，意气慷慨③，因为余兼及枪、刀、剑、钺之法曰："拳成外，此不难矣。某某处即枪法也，某某处即剑、钺法也。"④以至卒伍之步伐，阵垒之规模，莫不淋漓倾倒曰："我无传人，我将尽授之子。"余时鼻端出火⑤，兴致方腾，慕睢阳、伯纪之为人⑥，谓天下事必非龌龊拘儒所任⑦，必其能上马杀敌，下马擒王，始不负七尺于世。当是时，西南既靖，东南亦平，四海宴如，此真挽强二石不若一丁之时⑧。家大人见余斫驰放纵，恐逐流于年少狭邪之徒⑨，将使学为科举之文。而余见家势飘零，当此之时，技既成而何所用，亦遂自悔其所为。因降心抑志，一意夫经生业，担簦负笈⑩，问途于陈子夔献、陈子介眉、范子国雯、万子季野、张子心友等⑪，而诸君子适俱在甬东⑫。先生入城时，尝过余斋，谈及武艺时，犹为余谆谆恺切曰："拳不在多，惟在熟，练之纯熟，即六路亦用之不穷。其中分阴阳止十八法，而变出即有四十九。"又曰："拳如绞花捶，左、右、中、前、后皆到，不可止顾一面。"又曰："拳亦由博而归约，由七十二跌（即长拳、滚斫、分心十字等打法名色），二十五拿（即斫、削、科、磕、

---

①此句是说，盘斫之技是王征南先生根据自身多年习武的经验，开悟研究出来的一门技术。

②琉璃，是佛家七宝之一，有驱灾避祸的功用。

③慷慨，指情绪比较激昂。

④整句话道出了一个道理，拳术徒手是一切器械的基础。

⑤鼻端出火，形容情绪激昂慷慨，热血沸腾。

⑥睢（Suī）阳，指安史之乱时死守睢阳的张巡。伯纪，指北宋末南宋初的著名抗金将领李纲，伯纪是他的字。

⑦拘儒，指固执而不知变通的儒士文人。

⑧丁，指从事某种技艺或劳动的人。此句讲，当时是社会已经安定，能力挽强弓的武夫不如一个能从事技艺劳动之人的时代。即是说在当时，学习武技没有大的用处。

⑨狭邪，本指小街曲巷，娼妓居住的地方。年少狭邪之徒，指年少轻薄的浪子。

⑩簦（dēng），古代有木柄的斗笠，有点像现在的伞。笈，指书箱。

⑪陈夔（kuí）献，是当时名士，黄宗羲的弟子，甬上讲经会的"举首"；陈介眉，亦是当时名士，黄宗羲有《与陈介眉庶常书》，此文在《黄梨洲文集·书类》；范国雯，清初时人，与黄宗羲过从甚密，黄宗羲有《答范国雯问喻春山律历》；万季野，即万斯同，季野是他的字，师事黄宗羲；张心友，清初时人，黄宗羲有黄宗羲《〈张心友诗〉序》。

⑫甬（Yǒng）东，现属于浙江省舟山市。

靠等），以至十八（即六路中十八法）；由十八而十二（倒、换、搓、挪、滚、脱、牵、绾、跪、坐、挝、拿）；由十二而归之存心五字：敬、紧、径、劲、切。故精于拳者，所记止有数字。"余时注意举业，虽勉强听受，非复昔日之兴会，而先生亦且贫病交缠，心枯容悴而愈矣！

　　今先生之死止七年，吾乡盗贼亦相蚁合，流离载道①，白骨蔽野。此时得一桑怿②，足以除之；而二三士子，犹伊吾于城门画闭之中③。当事者命一二守望相助等题，以为平盗之政。士子遮拾一二兵农合一之语，以为经济之才。龙门子秦士录曰："使弼在，必当有以自见。"④言念先生竟空槁三尺蒿下，宁不惜哉！

　　嗟乎！先生不可作矣⑤，念当日得先生之学，即岂敢谓遂有关于匡王定霸之略，然而一障一堡，或如范长生、樊雅等保护党间⑥，自审谅庶几焉⑦。亦何至播徙海滨，担簦四顾，望尘嚣而无遁所如今日乎！则昔以从学于先生而悔者，今又不觉甚悔。夫前之悔矣，先生之术所受者惟余。余既负先生之知，则此术已为《广陵散》矣⑧。余宁忍哉！故特备著其委屑⑨，庶几有好事者或可因是而得之也⑩。虽然，木牛流马，诸葛之书中之尺寸详矣，三千年以来，能复用之者谁乎？⑪

---

①流离，是离散、流落的意思。《后汉书·和殇帝纪》："黎民流离，困于道路。"

②桑怿，欧阳修《桑怿传》中的主人公，宋代的武职官吏，武艺高强，善于使用铁鞭与铁锏，在缉捕盗贼方面卓有功勋，后战死。

③伊吾，形容读书之声。此句讲盗贼峰起，而那些士子们还在关起门来读书作画。

④宋濂，别号龙门子。《秦士录》是宋濂所著文章，主人公为邓弼。邓弼，文学、武艺均十分出众，却不为时俗所用，最后隐居王屋山为道。文中末句有语"弼死未二十年，大卜大乱，中原数千里，人影殆绝。玄鸟来降，失家，竟栖林木间。使弼在，必当有以自见。"结末之语，深深表达了作者的惋惜之情。本文把王征南比作邓弼，表达了黄百家的遗憾、哀痛之情。

⑤作，起。言世上再没有王征南先生了。

⑥范长生，西晋时期农民起义军大成政权的丞相，在他的治理下，大成政权一度兴盛。樊雅，东晋时著名的一代豪强，曾占据谯城坞堡，形成割据，后投降祖逖。

⑦庶几，或许可以。

⑧《广陵散》，中国非常著名的古琴曲，是十大古琴曲之一。《广陵散》的出名离不开嵇康，嵇康受刑时，慨然长叹："《广陵散》于今绝矣。"后人常用此来形容珍贵的东西失传。黄百家以此来惋惜王征南技艺的失传。

⑨委屑，原委末节。

⑩庶几，但愿，希望。

⑪整句把王征南的技艺比作诸葛亮的木牛流马，虽有完备的理论和图样，但就是无法付诸实践。以此来表达对王征南内家拳的惋惜之情。

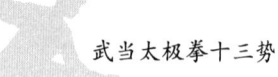

【文解】

本文选自《昭代丛书》二十四卷，作者为清初著名学者黄百家。

原文较长，本文是节选本，省去了内家拳法的具体内容歌诀。黄百家是清朝初年著名学者黄宗羲的儿子，其学术修养也很高。

清康熙年间，明史馆曾邀请他与万斯同一同进京入馆，所著颇丰。著名的《宋元学案》就是他与全祖望共同续成的100卷。黄百家精擅拳技，师从著名的内家拳大师王征南。

本文系统地讲述了内家拳的由来、具体内容，以及内家拳大师的生平，在中国武术史上有非常重要的价值。

首先，道明了内家拳的由来和特点，认为内家拳是张三峰对少林拳加以改造（所有内容理念都是反其道而行之）后形成的。

其次，保存了王征南内家拳的具体内容歌诀，如击打技术、打穴方法、练步法、六路、十段锦、盘硏等。

再次，通过王征南之口，强调了徒手格斗的重要性，认为只要拳术精熟，其他如枪、刀、剑、钺等器材都很容易。还强调了练拳时，不在于招式多少，而在于招式精熟。

这些内容，对当今武术练习都有非常重要的指导意义。此外，本文还讲了自王征南之后，内家拳技渐行渐隐，只恐已成广陵散。

这是一篇非常重要的武术文献，尤其是对武术研究工作者来说，它保留了大量的武术信息。通过这篇文章及相关文献的研究，我们能充分了解清初内家武术流传的概貌。

《宁波府志·张松溪传》

曹秉仁

　　张松溪，鄞人①，善搏，师孙十三老。其法自言起于宋之张三峰。三峰为武当丹士，徽宗召之，道梗不前②，夜梦玄帝授之拳法③，厥明以单丁杀贼百余④，遂以绝技名于世。由三峰而后至嘉靖时，其法遂传于四明⑤，而松溪为最著。

　　松溪为人恂恂如儒者⑥，遇人恭敬，身若不胜衣⑦，人求其术辄逊谢避去。时少林僧以拳勇名天下，值倭乱，当事召僧击倭⑧，有僧七十辈，闻松溪名，至鄞求见。松溪避匿不出，少年怂恿之，试一往，见诸僧方校技酒楼上，忽失笑，僧知其松溪也，遂求试，松溪曰："必欲试者，须召里正⑨，约死无所问⑩。"许之，松溪袖手坐，一僧跳跃来蹴，松溪稍侧身，举手送之，其僧如飞丸陨空⑪，堕重楼下，几毙，众僧始骇服。尝与诸少年入城，诸少年闭之月城中⑫，罗拜⑬，曰："今进退无所，幸一试之。"松溪不得已，乃使诸少年举圜石可数百筋者累之，谓曰："吾七十老人无所用，试供诸君一笑，可乎？"举左手侧而

---

①鄞（Yín），现在属浙江省宁波市鄞州区。

②梗，阻塞。

③玄帝，指玄武大帝，四御之一，是武当山的主神。

④厥，于是。

⑤四明，四明山，在浙江省宁波市西南。

⑥恂恂，恭谨温顺的样子。

⑦此句形容张松溪身子单薄，并不强壮。

⑧当事，指当时主持抗倭的官员。

⑨里正，明代又称为里长，是基层官员，管理一里方圆内的事务。

⑩约，契约，相当于现在常说的生死状。

⑪陨，坠落。《韩非子·内储说上》："冬十二月陨霜不杀菽。"

⑫月城，又称为瓮城、曲城，是古代城池中依附于城门，并与城墙连为一体的附属建筑，大多呈半圆形，少数呈方形或矩形的，有很好的防御功能。

⑬罗，排列、散布开来。罗拜，是指诸少年把张松溪关在瓮城之内，散开来下拜求技。

劈之，三石皆分为两，其奇异如此。

松溪之徒三四人，叶近泉为之最。得近泉之传者，为吴昆山、周云泉、单思南、陈贞石、孙继槎，皆各有授受，昆山传李天目、徐岱岳，天目传余波仲、陈茂弘、吴七郎；云泉传卢绍岐；贞石传夏枝溪、董扶舆；继槎传柴元明、姚石门、僧耳、僧尾，而思南之传则有王征南。征南名来咸，为人尚义，行谊修谨，不以所长炫人。

盖拳勇之术有二[①]，一为外家，一为内家。外家则少林为盛，其法主于搏人，而跳踉奋跃，或失之疎[②]，故往往为人所乘。内家则松溪之传为正，其法主于御敌，非遇困危则不发[③]，发则所当必靡[④]，无隙可乘，故内家之术为尤善。其搏人必以其穴，有晕穴，有哑穴，有死穴，相其穴而轻重击之，无毫发爽者[⑤]。其尤秘者，则有敬、紧、径、劲、切五字诀，非入室弟子不以相授，盖此五字不以为用而所以神，其用犹兵家之仁、信、智、勇、严云。

【文解】

这篇传记是出自清雍正年间宁波知府曹秉仁纂修的地方志《宁波府志》，是明代著名的内家拳技击家张松溪的传记。

这篇文章在中国武术史上有一定地位，是研究明代武术内容和内家武艺的重要文献。

这篇文献主要有以下几个信息最为重要：一、张松溪内家拳的拳术源流。二、内家拳的创始问题。三、张三峰的有关信息。四、张松溪所传内家拳的内容特点。五、内家拳与外家拳的特点和区别。

从这篇文献中可以得出结论，张松溪所传内家拳，并不以力取胜，而善于借力打力，击打穴道等。这些可以从张松溪本人的身形上来看，文献描述他"身若不胜衣"，说明他本人并不强壮，他的力量并不大。也可以从他与少林寺僧比武格斗的情况来说明，如"一僧跳跃来蹴，松溪稍侧身，举手送之，其僧如飞丸陨空，堕重楼下"。一个侧身的动作，加上一个"送"字强调说明，张松溪并不是与对手直接对抗，而是借对方之力还击对方。内家拳特点，跃然纸上。

---

①盖，虚词，发语词，无实在意义。
②疎，疏忽，疏漏。
③发，出现，指做动作。
④靡，散乱，倒下。
⑤爽，错讹，差错。

《明史·方技传》（节选）

张廷玉等

　　张三丰，辽东懿州人，名全一，一名君实，三丰其号也。以其不饰边幅，又号张邋遢。颀而伟①，龟形鹤背，大耳圆目，须髯如戟。寒暑惟一衲一蓑②，所啖升斗辄尽③，或数日一食，或数月不食。书经过目不忘，游处无恒④，或云能一日千里。善嬉谐，旁若无人。尝游武当诸岩壑⑤，语人曰："此山异日必大兴。"时五龙、南岩、紫霄俱毁于兵⑥，三丰与其徒去荆榛⑦，辟瓦砾，创草庐居之，已而舍去。

　　太祖故闻其名，洪武二十四年遣使觅之，不得。后居宝鸡之金台观⑧。一日自言当死，留颂而逝⑨，县人共棺殓之。及葬，闻棺内有声，启视则复活⑩。乃游四川，见蜀献王⑪。复入武当，历襄、汉，踪迹益奇幻。永乐中⑫，成祖遣给事中胡濙偕内侍朱祥赍玺书香币往访⑬，遍历荒徼⑭，积数年不遇。乃命工部侍郎郭琎、隆平侯张信等，督丁夫三十余万

---

①颀，指个子比较高。伟，身形伟岸。

②衲（nà），指出家人的衣服，由于僧道穿衣比较节俭，经常缝补，因此，僧道之衣称之为衲。蓑（suō），蓑衣，用草或者棕毛做的衣服，用以防雨。

③辄，就。

④本句指张三丰不在一处常待。

⑤壑，坑谷，深沟。

⑥五龙，指五龙宫；南岩，指南岩宫；紫霄，指紫霄宫。这三宫都是武当山著名的道教宫观。兵，指战乱兵祸。

⑦荆，落叶灌木。榛（zhēn），也是落叶灌木或者小乔木。荆榛合起来指丛杂的草木。

⑧金台观，在陕西宝鸡市金台区北，创建于元代末年。

⑨颂，一种文体，以颂扬为目的的诗文，形制长短不一。

⑩启，打开。

⑪蜀献王，是明太祖朱元璋第十一子，名朱椿，洪武十一年封蜀王，洪武二十三年就藩成都。

⑫永乐，明成祖朱棣（dì）的年号。

⑬玺（xǐ）书，指皇帝诏书。

⑭徼（jiào），指边界。

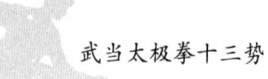

人，大营武当宫观，费以百万计。既成，赐名太和太岳山，设官铸印以守，竟符三丰言。

或言三丰金时人，元初与刘秉忠同师，后学道于鹿邑之太清宫①，然皆不可考。天顺三年②，英宗赐诰，赠为通微显化真人，终莫测其存亡也。

【文解】

本文出自《明史·方技传》，是张三丰在正史中的传记。

文章讲述了张三丰的生平、传说等，以及武当山和明朝廷的关系。本文常用来对比研究创立内家拳的张三丰。

但是，此文有趣的现象是，虽然记叙了张三丰的许多神奇传说，但是，并没有记载他会武艺。因此，这也成了许多反对张三丰是内家拳创始者的研究者的理论论据。

但我们从另一方面分析，武术（即拳勇）是古代不被记载于正史的末技，它在正史中的地位与文学相比，有天壤之别。加之道教讲究出世隐世，不事张扬。因此，张三丰的拳勇之技并没有被记载下来，也是事属正常，究竟事实如何，还有待进一步研究。

---

① 鹿邑，现在河南省周口市。
② 天顺，明英宗年号，时间为1457年—1464年。

《太极拳术源流》

杨澄甫口述、陈微明笔录

拳术有内外家之别，外家传自少林，内家始于宋之张三丰。三丰为武当丹士，徽宗召之，道梗不得进，夜梦元帝授之拳法①，厥明，以单丁杀敌百余。三丰之术，百年后流传于陕西。王宗名最著。传温州陈州同。

明嘉靖间②，传于张松溪。松溪恂恂如儒者，遇人恭谨，求其术，辄逊谢。有少林僧数辈，闻其名，至鄞访之。遇于酒楼，一僧跳跃来蹴，松溪稍侧身，举手送之，僧如飞丸陨空，堕重楼下，几死。众僧骇散。松溪传于四明叶继美近泉。近泉传吴昆山、周云山、单思南、陈贞石、孙继槎。昆山传李天目、徐岱岳。天目传余波仲、吴七郎、陈茂宏。云山传卢绍岐，贞石传董扶舆、夏枝溪。继槎传柴元明、姚石门，僧耳、僧尾。思南传王来咸征南。征南搏人，每点其穴，有死穴、晕穴、哑穴。其术要诀为敬、紧、径、切、勤五字。明亡，终身菜食。以明此志，识者哀之。

至清，传山右王宗岳。《太极拳论》，宗岳所著也。数传至河南陈先生长兴、蒋先生发。长兴授徒数十人。广平杨先生露禅，名福魁。倾赀从学③，居数载，与同门诸人较，辄负④。偶夜起，闻隔垣有呼声⑤，越垣，见广厦数间，破窗隙窥之。其师正示提放之术⑥，大惊。于是每夜必窃往。久之，尽得其奥妙。隐弗言，长兴以露禅诚实，一日召授其意，所言无不领会，长兴异之，谓诸徒曰："倾心授尔，尔不能得，杨生殆天授，非汝等所能及也。"厥后，与同门角⑦，无不跌出丈余，曰吾以报复也。技成乃归。长兴传杨露禅、李白魁、陈耕芸诸人，惟露禅最精。传其子錤、钰、鉴及王兰亭诸人。大先生錤早死无传。二先生钰，字班候，传万春、全佑、候得山、陈秀峰。三先生鉴，字健候，传其子兆熊、

---

① 元帝，即玄武大帝，武当山镇山之神。清康熙时，为避讳故改"玄"为"元"。

② 嘉靖，明世宗朱厚熜（cōng）年号，时间为1522年—1566年。

③ 赀（zī），《说文解字》："小罚以财自赎也。"假借为"资"，资财。

④ 负，失败。

⑤ 垣，墙。

⑥ 杨氏太极拳有掷放术，是太极拳中比较高级的技术。

⑦ 角，较量，竞技。

兆清、兆元、兆林、兆祥、刘胜魁、张义。兆熊字少候，传田肇麟、尤志学等。兆清字澄甫，传武汇山、牛春明、阎仲魁等。肇麟等亦从学。许禹山亦从少候、澄甫研究。予与徐茗雪、陈农先，从澄甫先生学。是编乃澄甫先生口述，予为笔述焉。全佑传其子艾绅、夏贵勋、王茂斋。所不知者，尚多遗漏，不及备载。

陈微明述。

【文解】

本文选自陈微明《太极拳讲义答问合编》。此文主要讲述了太极拳的创始及传承问题。

这篇文章前半部分应参考了《明史·方技传》《王征南墓志铭》《王征南先生传》《宁波府志》等文献，中间部分当是得自师承传闻，后半部分内容是现实内容。

三部分内容，以最后部分的传承最为真实可靠，对研究太极拳的传承历史来说，具有非常重要的价值。

阅读本文有几个重要信息需要注意：

一、太极拳历史上的王宗与王宗岳是不同的两个人，两人的生活年代不同，地点虽近，却有事实上的差异。

二、从此文中可以看出，杨氏太极拳虽然源于陈氏拳法，但依然尊奉张三丰为太极拳创始人，这对讨论陈王廷的拳法源流有十分重要的启示意义。

三、此文展示了在当时太极拳的主要练习情况，从侧面可以给我们研究民国武林动态提供可靠的信息。

附录一

中国传统武术实战问题简述

作者：张宏

2017 年，中国武坛发生了一件惊天动地的大事，徐晓东挑战中国传统武术，很多传统武术爱好者莫之能抗，给传统武术的发展和传播带来前所未有的危机。

一时之间，关于传统武术到底能不能实战的讨论铺天盖地，更有些过于义愤填膺的国人，开始对一些传统武术练习者进行了辱骂和人格上的攻击，希望用此"激将"之法，让真正的传统武术实战家站出来，与现代搏击术来一场真正意义上的实战对抗。事与愿违，从见诸网络视频或者其他社交媒体的结果来看，鲜有能与现代搏击一较高下的。

那么，真的是传统武术在实战方面不堪一击吗？究竟如何才能提高传统武术的实战功能呢？笔者在这篇文章中会结合许多原始文献，以及自身多年的教学、实战经验，进行简要评述。

一、武术功能的多元化，必然会导致鱼与熊掌难兼得的问题

我们讲，武术的功能是多元的，但是，武术的核心本质是实战技击性，其他的功能，如审美功能、健身功能等，都是围绕这一本质出发的。

如果丢失了其本质核心，只讲其审美功能，那么，武术与舞蹈、杂技等其他肢体类动作，是没有区别的。只讲其健身功能，那么，武术与瑜伽等健身类运动，也是无法区分的。

就像一个人一样，要学习的任务太多，承担的任务太重，则必然没有精力去把一门功课精益求精地深入。武术一旦承载了太多的功能，必然会丢失某些方面的升华。

武术在兴起之初，便是以防身自卫为其唯一目的，其创始者或练习者，必然会把实战作为唯一的研究和练习的突破方向。如何一招制敌，如何在实战格斗中最有效果，成为所有练习者的唯一目标，就像现在的自由搏击、综格格斗等搏击术一样。

所以，我们相信，在战争频繁、社会动乱的年代，中国武术的技击功能是很强悍的，因为那个时代武术的最重要目的就是实战。但是，中华人民共和国成立后至今，天下承平

已久，武术的侧重点已经开始往其他的功能转化，不同的练习者，出于不同的目的练习武术，实战的唯一目的性已经被打破，实战技击功能正在弱化，武术的多功能统一性，在不同的练习者身上开始分道扬镳。

武术套路的审美功能，是当今许多中国武术爱好者的追求之一。这种追求在我国把中国武术分类为套路运动、格斗运动和功法运动三大类后，就普遍开始了。在中华人民共和国成立之前，也有如戚继光讲的"花法武艺"，这类武术是以表演为目的。但是，这类武术并非是我国武术的主流。在动乱社会，还是以习武搏击为主要目的的武术习练占主流。

套路运动的特点是高、难、美，一切训练都是为如何体现这些特点服务的。不讲实战，精力分散就难以做到专注、专心了。格斗运动就是实战方面，一切训练只为实战服务，不讲高、难、美的动作训练，也会分散精力，难以练精。功法运动主要就是注重功力、基本功等的训练运动。这种分类训练的方式，可以把武术的每一方面练精，当然，是指不同的人承担不同的训练方向。专业练习套路的运动员，很少是实战格斗高手，而专业练习散打等格斗的运动员，也很少能把套路练得那么优美。这种分方向练习，是我们体工队、体校或者大学武术专业当中的惯例和突出专业的方法，这是科学的。

武术尤其是太极拳等运动的健身功能，是其在当代社会背景下的重要功能之一。

太极拳对人体的健身功能已经为科学所证明，所以它能风靡世界。但同样，如果一个练武强身的武术爱好者，偏又要追求其审美功能、实战功能，那么，我们可以推断，他难以将两者完美地融合、实现。武术是有很强的健身功能，但是，其练习方式必须符合不同人体的体质，以及健身的科学道理。比如同一武术动作，作为健身功能、审美功能和实战功能，其练习幅度是不一样的。试举一例，太极拳中的下蹲后插腿动作（这个动作在竞技自选太极拳套路中非常常见），从审美功能的角度来说，必须后脚跟不着地，另一条腿屈膝至大腿平行，这才有眼前一亮的美观度可言。但是，如果从健身的角度来说，这个动作幅度过大，中老年人练习，应当减少幅度，站立练习即可，否则，可能练习几天全身尤其是膝盖就坏了。对于某些身体素质较弱的人来说，可能练习一次就坏了。对实战练习的拳友来说，动作则应适应各种幅度，而且应该两人进行对抗式训练，以应对各种不同的情况。

对追求武术实战功能的爱好者来讲，应该抛弃同一武术动作的其他功能。武术实战有三方面必须注重：速度、力量、反应。这三方面是相互联系的，没有一定的力量，速度和反应都无从谈起。太极拳讲"用意不用力"，有些爱好者利用字面意思进行解读，认为就是一点力量都不用，这是错误的。陈氏太极拳大家陈照奎先生讲，没有力就没有办法实战。拳谚讲"练拳不练功，到老一场空"。力量是功力的基本要素之一。太极拳讲究听劲，讲究借力化力，四两拨千斤，其基础是自身必须要有四两的力，否则，如何拨动千斤！

"用意"实际上是强调，我们在练习和对抗时，要全身放松，充分调动人体的灵敏度，动作不能僵化。实战训练过程中的力量训练强度是非常大的。武术专业格斗方向运动员们的训练器材，如几百斤的轮胎、杠铃等，传统的有石锁、石担等。我们要讲的是，过分追求力量的训练，是实战的必须，但不是健身的必须，不是追求武术美观的必须。训练量过大，人体负荷过大，对人体是有害无益的。健康的训练，应当是合乎人体健康承受能力的训练。而且，实战需要经常性的对抗练习，只有这样，反应和速度才能被训练出来。但是，在对抗训练过程中，受伤的概率在百分之九十以上，这和追求健康的初衷就南辕北辙了。套路训练也要求力量训练，但不像实战训练那样超强度，因为套路训练不需要那么发达的肌肉。我们也可对比武术专业套路运动员和散打专业运动员，一般来说，套路运动员的肌肉没有散打专业运动员的那么发达。这是因为过分发达的肌肉会影响套路专业运动员的形象和一些高难度腾空动作的美观度。

由上所述，我们明白，武术的功能虽然是多元化的，但是，如果同一个人想要把武术所有功能都发挥到极致，那是难上加难的。你突出它的某一方面，就会丢掉它的其他方面。鱼与熊掌想要兼得，是现在很多传统武术练习者的想法。理想很丰满，现实很骨感。事实上，中国武术专业运动队分方向的做法，就是在告诉我们，鱼和熊掌不可兼得。

武术专业把武术分为套路运动、格斗运动、功法运动三大类，是为了解决中国武术功能元化带来的问题，更是为了更好地发展中国武术。

二、传统武术实战技术发展的方向

中国传统武术流派众多，技理精彩纷呈，功能多元，文化承载力，需要我们继承和发展。但是，由于传统武术实战功能正在逐步弱化，传统武术的发展面临着前所未有的挑战，究竟何去何从，需要思考和探究。

传统武术现在面临的最大危机就是其实战功能，其他方面的功能并没有遭受太多的挑战。因为，我们历来认为，武术就是用来实战的。那么，传统武术能站直腰杆的唯一方法就是，"从哪里跌倒就从哪里爬起"，传统武术爱好者应该有一种"明知山有虎，偏向虎山行"的勇气。

首先，我们要正确认识传统武术的优劣，要与时俱进，善于吸取其他技击术之长。

每一种拳术都不是完美无缺的，都需要有一个从不完善到逐渐完善的过程。当初中国从各种传统武术散手中取其精华，创立的散打，其实就是一种很好的尝试。那是我们许多开明的武术家们已经认识到了许多传统武术的不足后，复兴传统技击术的一种做法。由开始的不完善，到逐渐完善的过程很艰辛。综合格斗（MMA）更是如此，它认识到之前的各种搏击术要么由于技术缺陷的限制，要么由于格斗规则的限制，无法充分发挥人体的所有能力，于是，在内容技法上不做限制，既可站立格斗，又可进行地面缠斗，规则上也不做限制。传统武术有很多技法非常好，但由于缺少相应的传统武术擂台赛事，传统武术的实战机会很少，因此，在训练技术方法上不进反退，并且缺少与时俱进的胸怀。许多传统武术爱好者，不善于与其他的搏击术进行实战交流，还沉浸在臆想的武术天堂中。

其次，必须要加强实战训练。

许多传统武术传承者都能讲出每一招式的具体用法，但是，是否真能在实战中用上，那是一个疑问。理论和实战必须要结合起来，能说并不意味着会用。速度、力量、反应是格斗的基本要素。以反应来说，一天不进行对抗训练，就会有迟钝的感觉，十天不练习，也许只能打过一个普通人；一个月不练，也许连和人实战的勇气都没有了。但是，有的传统武术练习者们，也许一辈子都没有和人真正交手实战的经验，这如何对抗现代搏击术。"拳不离手"，这是先辈留给我们的宝贵经验。当世界上所有的搏击术都在进行速度、力量、反应的实战对抗训练的时候，中国传统武术若还只是臆想着一个人练习，那便开始落伍了。这样练出来的传统武术只不过是一种健身术。

最后，要采用科学的训练方法，在实战中不断总结实践经验。

现代有很多技击术，更新换代很快，那是因为每一样搏击术都不是完美无缺的。几乎每二十年就会出现一种流行的搏击术。

例如，在20世纪70年代至80年代，李小龙的截拳道风靡世界，20世纪80年代至21世纪初，中国散打在国内很风行，各地拳馆必开散打课程，从21世纪初到现在，MMA和泰拳流行起来。李小龙的截拳道由于其理论的至高性，以及内容的丰富性，令许多后继者无法达到李小龙的高度。于是有人发出"截拳道其实只是李小龙一个人的拳术"的言论。之后，中国散打打开了中国传统武术之门，在兴起之初是精练传统武术技法，并结合世界其他技术的科学训练方法，一出来便打败许多传统武术习练者，使中国武术界为之一震，更由于其动作的简单直接性，使得很多习练者开始追随。但是，不管中国散打还是世界其他搏击术，均有其缺陷，要么侧重站立式格斗（如散打），要么侧重地面缠斗（如巴西柔术），而且规则限制过多，无法发挥人体的所有能力，于是MMA开始风行。哲学上讲："发展是事物从出生开始的一个进步变化的过程，是事物的不断更新，是指一种连续不断的变化过程。既有量的变化，又有质的变化。"传统武术要发展，必须要采用科学的训练方法，在实战经验中总结教训，不断完善其技法技理，才能得到长足的发展和传承。

也许2017年的徐晓东事件是中国传统武术发展的一个大契机。我们应该抓住这个机会，对传统武术重新正确认识，取其精华，去其糟粕，科学训练，与时俱进，以博大的胸怀去吸取其他搏击的科学方法。作为中国传统武术当中的一分子，武当太极拳如果想要在实战中有所进益，也必须如此做。

附录二

《庄子·说剑篇》解

——中国古典拳论的滥觞

作者：张宏

【内容摘要】《庄子·说剑篇》是现存的有据可查的以文字形式阐述古典武技理论的最早文献。本文从在中国古典拳论中非常具有代表性的《越女论剑》《剑经》《王征南墓志铭》《苌氏武技书》《太极拳论》等理论文献出发，以"阴阳论""虚实论""后发制人论"等为主要阐述方面，证明《说剑篇》实为中国古典拳论的滥觞。

【关键词】说剑篇；阴阳；虚实论；后发制人论

纵观中国古典拳论，从《庄子·说剑篇》到《吴越春秋·勾践阴谋外传》中的"越女论剑"，再到俞大猷的《剑经》，至于黄宗羲的《王征南墓志铭》、苌乃周《苌氏武技书》、王宗岳《太极拳论》……以"阴阳、动静、虚实、开合、后发先至、物壮则老、主客论"等中国古典哲学为核心的中国古典拳论，形成了一条十分清晰的拳理脉络。而作于战国中晚期的《庄子·说剑篇》，则成为了中国古典拳论的滥觞。

本文就以这几篇在中国古典武技理论中占有举足轻重地位的拳论为代表进行论述。

一、阴阳论

阴阳理论是中国古典哲学中的一条重要理论。因此，在作为以中国古典哲学为基础的中国古典拳论中，也理所当然地占据了举足轻重的地位。阴阳论就是讲万事万物都包含着既对立又统一的两部分。阴代表着静止、退让、卑谦、寒冷、消极等属性，而阳则代表运动、进取、刚强、温暖、积极等。

《庄子·说剑篇》全文只有一处提到了"阴阳"——"天子之剑……开以阴阳，持以春夏，行以秋冬"。[1] 但是，并非哲学上的"阴阳"，而指创造万物的"阴阳二气"。

131

《庄子·说剑篇》重要的武技理论，集中在"夫为剑者，示之以虚，开之以利，后之以发，先之以至"[2]。根据阴阳哲理，文中所论"虚实、开合、先后"等具体化的理论字眼，均为阴阳的范畴。这些，成为后世武技的重要指导思想。

汉时《越女论剑》，则明确地把阴阳二字引入技击之道："道有门户，亦有阴阳。开门闭户，阴衰阳兴。"[3] 整篇拳论以阴阳之理为核心，并把阴阳加以十分详尽的具体化。

明代俞大猷《剑经》中言"阴阳要转，两手要直"[4]。其理论中心亦是阴阳。"刚在他力前，柔乘他力后。彼忙我静待，知拍任君斗。"[5]

属于阳的范畴有：刚、前、忙。属于阴的范畴有：柔、后、静。这几句话被传统武术理论界认为是与戚继光《拳经捷要篇》并峙的重要拳论。

清初大儒黄宗羲《王征南墓志铭》，首次在中国武术史上提出了内家拳和外家拳的概念。《王征南墓志铭》中虽然没有明确地提出阴阳，但有"以静制动"[6]的论述，且黄氏把它作为内家拳的重要特点。阴静和阳动是拳技阴阳理论中的重要内容。因此，"以静制动"也反映了阴阳之理。如果说，内家拳是"以静制动"，强调以慢制快、后发先至，那么，相反的，外家拳就是强调速度的"先发制人"。也有武术理论家认为，内家、外家的区分标准并不科学。这种争论自黄宗羲提出内家、外家的概念后便纷纷扰扰，持续至今。

出现于清乾隆时期苌乃周的《苌氏武技书》，完全以阴阳立论。《武技书》全文"阴阳"连读者共五十三处，单用"阴"字一百二十二处，单用"阳"字一百一十三处。其中，"阴阳入扶论"专门论述拳技之中明确阴阳的重要性。书中定位"拳明阴阳"："练形不外阴阳，阴阳不明从何练起。"[7] 苌乃周把明确阴阳作为其拳技理论的核心内容。其《阴阳入扶论》专论阴阳。

出现于一八五二年的王宗岳《太极拳论》在中国武术理论史上的地位举足轻重。《太极拳论》全文共三百六十五字，字字珠玑。这篇拳论开宗明义："太极者，无极而生，动静之机，阴阳之母也。"[8] 其中，又有一段专门论述在练拳过程中阴阳的重要性："欲避此病，须知阴阳；粘即是走，走即是粘；阴不离阳，阳不离阴；阴阳相济，方为懂劲。"[9]

其后，直至近代，"凡论拳理者必述阴阳"，已经成为武术理论中一种不成文的惯例。

追根溯源，《庄子·说剑篇》中的拳技理论可以说是中国古典拳论中阴阳理论的滥觞。

二、虚实论

《庄子·说剑篇》云"示之以虚"，"虚、实"是对立的存在，虚实并存。虚实理论有可能与早于《说剑篇》出现的《孙子兵法·虚实第六》有关。有关阐述将另行撰文。

《孙子兵法·虚实第六》仅指战争中的战略思想。首次将虚实理论与拳勇技击之道联系起来，并以之作为重要的拳技理论，则始见于《说剑篇》。

《孙子兵法·虚实第六》言："夫兵形象水，水之形，避高而趋下；兵之形，避实而击虚。水因地而制流，兵因敌而制胜。故兵无常势，水无常形，能因敌变化而取胜者，谓之神。"[10] 拳勇技击是少数人的战争对抗。因此，孙武的这段话正是对《说剑篇》中"示之以虚"拳术理论的最好诠释。

三国时期，魏文帝曹丕与奋威将军邓展著名的剑术之战，可以称作是在具体的对抗中虚实理论运用的典范。曹丕《典论自序》中记载，在实战对抗过程中"余知其欲突以取交中也，因伪深进，展果寻前，余却脚剿，正截其颡，坐中惊视。"[11]

明代俞大猷《剑经》也强调虚实。《剑经》中谈及虚实论共三处。

其中两处具体阐述要明确虚实之理。第一处："梗直哄杀去四五尺，任他或打或揭；我就寻他虚处，大进杀去。"[12] 这是说，在对抗过程中要寻找对方的弱点、虚处空门，采取避实击虚的方法。第二处："又有闪退法，有跳退法，前足先起，或齐起，要知采与牵不同。要在哄使虚乘之。"[13] 一个"哄"字道出了玄机。这说明，在对方较少弱点或很难发现其弱点的时候，要"哄诱"而使其"虚"，然后我方趁机而动。

《苌氏武技书》则更重虚实。《行气论》中详细论述了"捣虚之法"，声称"捣虚"就是为了"攻其无备也"。在《论足》中，又连续用了十一个"虚""实"详尽地论述了足部虚实的多种存在情况，以及在多种情况下的利弊：

"其用法有虚实，有两脚一虚一实者；有两脚前虚而后实，后虚而前实者；有左虚而右实者，右虚而左实者；有一脚之尖根楞掌，应虚而应实者。总之，不实则不稳，全实则动移不利，而有倾倒之患；不虚则不灵，全虚则轻浮不稳，而有摇晃之忧。虚实相济方得自然之妙。"[14]

如果说，前面的虚实理论只是存在于具体形而下的情况下，那么，《苌氏武技书》则把它发展为更为深奥的层次。它把"虚"看成了一个无形的拳术境界。"练形合气，练气归神，练神还虚。"这是把道家的修炼境界首次作为拳术的层级境界而加以阐述。拳术不仅有技术，还得有境界。这样，中国武技就不再只是独立的肢体语言，而是有无限自由空间的艺术。它无形中丰富和扩大了武技理论中"虚"的内涵和外延。

稍后不久出现的王宗岳《太极拳论》强调"虚领顶劲"，这四字已经成为了许多太极拳爱好者耳熟能详的太极话语。

武禹襄《太极拳论》中，亦着重强调"虚实宜分清楚"，告诫我们要明虚实。

如今我们常论的"上惊下取""声东击西"等原则，均为"虚实论"的具体应用。而《庄子·说剑篇》是其滥觞。

三、后发制人

中国传统武技理论中有一个独特的现象，"彼不动，我不动；彼微动，我先动"。中国武术从来不强调先发制人，而强调"后发先至"。主动出手攻击，这从武德上是要被谴责的。从具体的招式拆解上也可以看出。传统武术的招式，都在强调对方在攻击时，如何防守和反击，很少有采取主动出击的方式。这是和别国的武技、格斗术不一样的所在。这种现象可能和中国强调"以和为贵""礼让为先"的文化有关。但是，在拳术中明确提出这一理论的却是《庄子·说剑篇》。《说剑篇》首先强调"后之以发，先之以至"。

后发制人的具体体现就是"以静制动"。东汉赵晔《吴越春秋》的"越女论剑"言道："见之似好妇，夺之似惧虎。"[15] 安静的时候就要像平和娴淑的少女一样温婉恬静，当被攻击（后发）就要像被惊动的老虎般勇猛迅捷，后发先至，只有这样，才能制服敌人。

俞大猷《剑经》亦言"动时把得固，一发未深入。打剪急进凿，后发胜先实。"[16] 中国传统武术中有一套理论叫"不愿为主而为客"。主动攻击，看似占了先机优势，其实，已把自己放在了被动的位置。因为主动，那么，就没有充分自由的可能性了。因为有招就有破。但如果是客，不主动出手，没有任何限制，相对于主，要自由得多。这就是俞大猷的"后发胜先实"，俞氏肯定了"后发制人"的可能性和合理性。

到清初黄宗羲《王征南墓志铭》则明确提出"以静制动"，并且成为黄氏作为区分内家拳和外家拳的重要标准，其影响甚为深远。

苌乃周《苌氏武技书》明确提出了"后发先至"四字，并认为，能够"后发先至"的条件是，要"乘彼之间而动，借其气之方行，势之未止，迎机而发则愈疾愈妙。"[17]

王宗岳《太极拳论》虽没有明确提出"后发先至、以静制动"，但道出了其具体的方法。那就是："无过不及，随曲就伸。人刚我柔谓之'走'，我顺人背谓之'粘'。动急则急应，动缓则缓随。"并反驳了以力量和速度为主要取胜特点的"先发制人"。他认为，"有力打无力，手慢让手快，是皆先天自然之能，非关学力而有为也"。强调"四两拨千斤"，舍己从人。

直至近现代，许多武术理论都强调"后发制人"，认为能"后发制人"，才是真正的技术。正是这种理论的延续。

四、小结

《庄子·说剑篇》非庄周本人所作，已是学术界公认的事实。但是，其成书时间也在战国中晚期。再早的文献当中虽然也有"说剑""拳勇"等各种事实名词的存在，也可能

在事实上有解说武技理论的现象或活动，但是，以文字形式存在，却最早见于《庄子·说剑篇》。

其中所讲述或延伸开来的"阴阳论""虚实论""后发制人、以静制动""主客论"等理论，深刻影响了中国后世的武术理论，并成为中国古典武技非常重要的理论法则。可以说，《庄子·说剑篇》中所论述的技击理论，正是中国古典武技的理论滥觞。

参考文献

[1]（清）郭庆藩. 庄子集释 [M]. 北京：中华书局，2006：1020.

[2]（清）郭庆藩. 庄子集释 [M]. 北京：中华书局，2006：1020.

[3]（东汉）赵晔，（元）徐天祜音注. 吴越春秋 [M]. 南京：江苏古籍出版社，1999：148.

[4]（明）俞大猷，马力. 中国古典武学秘籍录·剑经 [M]. 北京：人民体育出版社，2006：21.

[5]（明）俞大猷，马力. 中国古典武学秘籍录·剑经 [M]. 北京：人民体育出版社，2006：21.

[6]（清）黄宗羲. 南雷文定·卷八 [M]. 北京：商务印书馆，1935：128.

[7]（清）苌乃周，马力. 中国古典武学秘籍录·苌氏武技书 [M]. 北京：人民体育出版社，2006：229.

[8]（清）王宗岳，沈寿. 太极拳谱·太极拳论 [M]. 北京：人民体育出版社，2013：24

[9]（清）王宗岳，沈寿，太极拳谱·太极拳论 [M]. 北京：人民体育出版社，2013：24

[10] 中国人民解放军军事科学院战争理论研究部《孙子》注释小组，孙子兵法新注 [M]. 北京：中华书局，1977：46.

[11]（三国）曹丕，易健贤译，魏文帝集全译·典论自序 [M]. 贵阳：贵州人民出版社，2009：237.

[12]（明）俞大猷，马力，中国古典武学秘籍录·剑经 [M]. 北京：人民体育出版社，2006：27.

[13]（明）俞大猷，马力，中国古典武学秘籍录·剑经 [M]. 北京：人民体育出版社，2006：28..

[14]（清）苌乃周，马力，中国古典武学秘籍录·苌氏武技书 [M]. 北京：人民体育出版社，2006：240.

[15]（东汉）赵晔，（元）徐天祜音注，吴越春秋 [M]. 南京：江苏古籍出版社，1999：148.

[16]（明）俞大猷，马力，中国古典武学秘籍录·剑经 [M]. 北京：人民体育出版社，2006：22..

[17]（清）苌乃周，马力，中国古典武学秘籍录·苌氏武技书 [M]. 北京：人民体育出版社，2006：231.

附录三

作者小传·张宏

张宏，湖南常德人，1988年6月生，国家武术六段，武术指导员、考评员，国家武术二级裁判。自幼秉承家学，随祖父学武习文。祖父张俊山师承武当山徐本善，后跟随贺龙、刘伯承、邓小平等部队改名张国祥。张俊山武技高超，先后在淮海战役、进军西南、解放华北等著名战役中荣立一等功两次、乙等功一次、大功一次。中华人民共和国成立后自愿成为南下干部，回湖南建设家乡。为传承武技，张俊山为张宏取辈分名字张冠武（"冠"为张氏排行，"武"意为传承和发扬武技）。

作者先后多次上武当山学习，又拜武当玄武派第十四代史飞（道名：玄一）为师，并蒙赐名"张理钦"（"理"是武当玄武派第十五代排行）。此后，便成为武当山玄武派第十五代弟子。与此同时，广泛学习武当其他各流派武技，对武当武术有了比较全面的了解。

为了更好地研究武术，作者又跟随西北师范大学体育学院武术系温兵老师、孟峰年教授、陈青院长、段晓霞老师等学习专业武术，跟随马氏通备正宗传人马令达老师学习散打、短兵、摔跤和马氏通备武艺，跟随西北武术名家霍菊英等学习西北棍术、劈挂拳等，跟随李德卫老师学习双手剑、燕青门武技等，得到各位老师的尽心指导。

从此，对中国武术技艺有了比较全面的认识。同时，为提高武术理论及武术史的水平，又跟随西北师范大学文学院周玉秀教授攻读汉语言文字学，并主攻古文字学方向，取得硕士学位。毕业后成立甘肃武艺文化传播有限公司和甘肃武当武术培训基地，并与邵达洪老师一起成立兰州市太极拳协会，任副会长，专心从事武术研究和传播事业。

取得成绩：

2007年，全国传统武术锦标赛武当八卦掌第一名、武当丹剑第二名；

2008年，甘肃省第一届大运会自选南拳冠军、自选南刀冠军；

2011 年，甘肃省第二届大运会南拳亚军、自选剑第一名、自选枪术第一名、对练第二名，并被甘肃省体育局授予"武术优秀运动员"荣誉称号；

2011 年，参加拍摄微电影《潜龙在渊》，并任男一号；

2012 年，甘肃省传统武术锦标赛八卦掌第一名；

2014 年，被中国武术权威杂志《中华武术》收录进《中国当代武林人物志》（大型画册），成为最年轻的被收录者；

2015 年，甘肃省第三届大学生运动会自选南拳第二名、自选剑第一名、自选枪第二名；

2015 年，被中国集邮中心出版发行"中国梦"系列大型收藏邮票收录，成为其形象武术家；

2015 年，担任 90 分钟标准电影《爽弧》武术指导；

2015 年，担任甘肃省武术段位省考技术段最高段位太极拳六段培训讲师；

2016 年，担任西北五省武术大赛太极拳推手两名终极裁判之一，并荣获"优秀裁判员"称号；

2016 年，代表甘肃省武协出战在天津举行的"宏舜杯"第二届全国传统武术锦标赛并斩获武当八卦掌第一名、武当丹剑第一名；

2017 年，受邀请担任兰州市太极拳协会副会长；

2017 年，担任甘南合作"草原之战"国际武术大赛散打裁判，并荣获"优秀裁判员"称号；

2017 年，受新加坡"功夫者"聘请成为功夫教学教练。

2018 年，与木森影业、中融文化合作拍摄 60 分钟功夫电影《抢亲》；

2018 年，中国武艺经典传承系列首部书籍《武当太极拳十三势》出版；

2018 年，受甘肃省广电总台大型文化文物专题片《腔调》栏目组邀请，制作"武术的腔调"，并成为主题人物；

2018 年，担任有甘肃省文化厅举办的"魅力甘肃"青少年才艺大赛武道专项专家评委，并荣获"优秀评委"；

2018 年，担任中国搏击王赛事（甘肃战）裁判工作，并获得"优秀裁判"荣誉称号。

作者小传·张维兵

张维兵，男，1990 年生，甘肃天水秦安县人氏，中国武术二级裁判，中国武术二级运动员。少年时开始跟随西北著名武术家伏呈生老师学习太极拳、八卦掌等内家拳法，后又跟随霍菊英老师学习双手剑等西北武艺，跟随天水师范学院蔡志忠教授、天水棍术名家靳建军老师学习西北名棍壳子棍。2009 年考入西北师范大学体育学院民族传统体育（武术）专业，跟随甄庆平教授、陈青院长、孟峰年教授、温兵老师、段晓霞老师等专业系统地学习中国传统武术。毕业后，在秦安县第五中学担任武术教师。擅长太极拳、八卦掌、翻子拳、鞭杆等武艺。多年来所带学生成功考入西北师范大学、兰州城市学院、陇东学院、青海师范大学等大学的武术专业。

2015 年始，与青年武术研究者张宏老师一起致力中国传统武术、中国剑道实战术的研究工作，几年前成绩斐然。

主要成绩：

2011 年，发表论文《浅谈小学开设武术课的重要性》。

2015 年，担任天水市中学生运动会武术裁判；

2015 年，参加中国平凉崆峒国际武术节武术大赛获得翻子拳一等奖、鞭杆一等；2015 担任天水市中学生运动会武术裁判工作，被评为优秀裁判员。

2016 年，参加高中教学体育优质课"太极养生 24 式"前三式教学获得省级一等奖。

2017 年至 2018 年，连续两次带领学生参加甘肃省电视台少儿春晚并获得甘肃省文化厅颁发的"优秀指导教师"荣誉；

2017 年，担任天水市武术进校园的武术推广工作；

2017 年，带队参加甘南合作首届国际武术大赛暨草原英雄之战，并获得"优秀教练员"。

2018 年，带队参加在甘南举行的中国搏击王武术大赛，并获得"杰出贡献奖"；

2018 年，带队参加由文化厅举办的"魅力甘肃"青少年才艺大赛（武道专项）并获得"优秀教练员"荣誉称号。

参考文献

[1]（东汉）赵晔著，（元）徐天祜音注. 吴越春秋 [M]. 南京：江苏古籍出版社，1999.

[2]（三国）曹丕著，易健贤译. 魏文帝集全译·典论自序 [M]. 贵阳：贵州人民出版社，2009.

[3]（明）俞大猷著，马力编. 中国古典武学秘籍录·剑经 [M]. 北京：人民体育出版社，2006.

[4]（清）曹秉仁. 宁波府志 [M]. 乾隆刻本影印.

[4]（清）郭庆藩. 庄子集释 [M]. 北京：中华书局，2006.

[5]（清）黄宗羲. 南雷文定·卷八 [M]. 北京：商务印书馆，1935：128.

[6]（清）苌乃周著，马力编. 中国古典武学秘籍录·苌氏武技书 [M]. 北京：人民体育出版社，2006.

[7]（清）王宗岳著，沈寿点校. 太极拳谱·太极拳论 [M]. 北京：人民体育出版社，2013.

[8] 中国人民解放军军事科学院战争理论研究部《孙子》注释小组，孙子兵法新注 [M]. 北京：中华书局，1977.

[9]（清）苌乃周著，马力编. 中国古典武学秘籍录·苌氏武技书 [M]. 北京：人民体育出版社，2006.

[10]（民国）陈微明. 太极拳讲义答问合编 [M]. 北京：五州出版社，2008.

[11] 江百龙. 武当拳发展之研究 [M]. 武汉：湖北科学技术出版社，2012.

[12] 江百龙. 武当拳之研究 [M]. 北京：北京体育学院出版社，1992.

[13] 于志钧. 中国传统武术史 [M]. 北京：中国人民大学出版社，2006.

[14] 于志钧. 太极拳史 [M]. 北京：中国人民大学出版社，2012.

[15] 于志钧. 太极拳谱 [M]. 北京：人民体育出版社，1991.

[16] 刘嗣传. 张三丰太极拳 108 式 [M]. 太原：山西科学技术出版社，2006.

[17] 李发平，刘洪耀. 武当内家拳汇宗 [M]. 太原：山西科学技术出版社，2014.

后 记

历时三载，数易其稿，虽未穷经，业已皓首。

武当武术是中国武术界上的一大名宗。中国武术史上自《王征南墓志铭》出世，尊崇武当真人张三丰的武当武术流派，俨然形成了与少林武术并峙的一大名派。

四百余年来，围绕张三丰，围绕武当武术展开的讨论，不绝于耳。尤其在近百年来，陈鑫的《陈氏太极拳图说》和唐豪的《少林武当考》问世之后，承认武当武术和否定武当武术的人，各占半壁江山。

虽然，在此之前，张三丰和武当武术的地位是没有疑义的。但是，由于陈鑫、唐豪等人在中国武术史上的影响力，以及其他因素的影响，导致了武当武术的存在感受到了许多人士的质疑。这种认识，加上武当武术原始资料的散佚，导致了本书在写作上的困难。

可是，存在即是存在，没有任何臆想能够推翻其客观存在性。我们许多武当武术的传承者，不管是在山或者不在山，不管是被武当武术研究专家整理研究过的，还是尚未被发现研究的，都在致力于武当武术的传承和传播。作为武当武术的传承人来讲，我们做的事只不过仅是传承和传播，使武当武术这一优秀国技在历史上不致被某些负面因素所湮灭。

因此，在本书的写作上，尽可能去采取比较中立而客观的态度进行撰写，不带任何功利目的。如果，在某些方面伤害了一部分人的利益，请原谅笔者的无心之失。如果这本书在武当武术的传播上，给一部分读者带来了价值，那么，这本书的撰写也就得偿所愿了。

作为传承者，我们很庆幸有许多前辈在武当武术的研究上做出了十万分的努力，也很感谢我们的先辈们在艰苦卓绝的环境中，还给我们后辈留下了如此宝贵的遗产。我们站在巨人的肩膀上，所做的事是继续传播和传承。

创业难，守成更难。作为传承者，我们深感责任之重大。因此，笔者于 2016 年始，利用自己所学，将陆续撰写《中国武艺经典传承系列》。这是一个宏伟而能令人自豪的计划。笔者还年轻，尚未三十，将用今后的毕生精力去为我们的国技尽一份绵薄之力。

作为武当武术的传承者，必须要感谢许多给予过我、教导过我的老师和前辈们。我的武术启蒙不得不归功于我的祖父张俊山，作为武当武术一部分武技的传承者，是祖父给我打开了武术世界之门。

业师武当太和武术院院长、武当玄武派第十四代传承人史飞老师不嫌笔者资质之浅薄，收录玄武派之门墙，赐名理钦。虽然史道长于2017年已然驾鹤西去，但是，其谆谆教导之语，真实不虚之言，对笔者之后的武术之路指明了努力之方向。

西北师范大学武术系老师温兵、甄庆平教授、陈青院长等，在国家竞技武术上，对笔者进行手把手的指导，使笔者在武术之路上快速成长。西北棍术名家霍菊英老师，在马氏通备武艺的传承上，对笔者进行了全面而系统的训练。燕青戳脚翻子的传承者李德卫老师，在双手剑、燕青翻子等武技的传承上，给予了细致的教导……

也不得不提我的研究生导师周玉秀教授，在古代文字音韵、汉语、文学方向对我的教导，使我在写作本书时，学会了如何做才是正确而科学的态度。西北师范大学雒鹏教授在《周易》这门学问上，对我的指导，也使我在研究中国武术当中的哲学问题上事半功倍，也对我撰写事关太极哲学、道教思想的武当武术著作中，助益甚大。感谢一切给予过我的老师们。

本书在写作过程中也得到了许多前辈、朋友、学员们的支持。

拍摄和修图工作，是我们甘肃武当武术培训基地、甘肃武艺文化传播有限公司的学员胡运江先生，实战部分的陪练是甘肃武术培训基地学员、现任甘南猛虎营武术学校教练的王保民教练。

写作部分第一章、第二章、第三章、第四章、第七章、第八章及两篇附录是作者张宏本人完成，第五章、第六章是毕业于西北师范大学武术专业、现任秦安县第五中学武术教师的张维兵老师撰写。弟子王旭帮助进行了全文的初步校对工作。

同时，在本书的出版方面多得本基地学员金立新先生的帮助，在此表示感谢。感谢本基地学员石永星先生赞助本书的出版。另外，还有许多的前辈、朋友在本书写作过程中，提出了许多十分宝贵的意见，在此一并表示感谢。

最后，感谢西安地图出版社，为本书的出版付出了心力。